Franz Geppert

Bismarck
Eine Biographie zu seinem einhundertsten Geburtstag

Reihe *Deutsches Reich – Schriften und Diskurse*
Reichskanzler, Bd. I/VII

Übertragung von Fraktur in Antiqua
Mit einem Vorwort von Sebastian Liedtke

SE**V**ERUS
Verlag

Geppert, Franz: Bismarck. Eine Biographie zu seinem einhundertsten Geburtstag. Übertragung von Fraktur in Antiqua. Mit einem Vorwort von Sebastian Liedtke Hamburg, SEVERUS Verlag 2012.

Reihe Deutsches Reich – Schriften und Diskurse
Reichskanzler, Bd. I/VII
Herausgeber: Björn Bedey

ISBN: 978-3-86347-224-5
Druck: SEVERUS Verlag, Hamburg 2012
Lektorat: Veronika Brandt

Der SEVERUS Verlag ist ein Imprint der Diplomica Verlag GmbH.

Bibliografische Information der Deutschen Nationalbibliothek:
Die Deutsche Nationalbibliothek verzeichnet diese Publikation in der Deutschen Nationalbibliografie; detaillierte bibliografische Daten sind im Internet über http://dnb.d-nb.de abrufbar.

SEVERUS
Verlag

Vorwort

zur Reihe *Deutsches Reich – Schriften und Diskurse*

Verehrter Leser,

aus der politisch-historischen Perspektive betrachtet, bezeichnet das Deutsche Reich den deutschen Nationalstaat in den Jahren von 1871 bis 1945. In dieser Zeitspanne von 74 Jahren – dem Lebensalter eines Menschen entsprechend – entwickelte sich der erste einheitliche Nationalstaat aller Deutschen von einer Monarchie (dem Deutschen Kaiserreich von 1871 bis 1918) über eine pluralistische, gemischt präsidial-parlamentarische Demokratie (der Weimarer Republik von 1919 bis 1933) bis hin zu einer totalitären Diktatur (der nationalsozialistischen Herrschaft von 1933 bis 1945). Das Deutsche Reich hatte in diesem Zeitraum zwei Weltkriege zu verantworten.

Die politischen sowie persönlichen Erfahrungen und Handlungen der Deutschen in der Zeit des Deutschen Reiches waren und sind die historische Bürde, aber auch das historische Fundament der von den Siegermächten des zweiten Weltkriegs 1949 gegründeten Bundesrepublik Deutschland. Auch für die seit 1990 bestehende Berliner Republik wirkt das Deutsche Reich immer noch nach und bestimmt auch die politischen Handlungsoptionen nachhaltig. Für das Verständnis unserer politischen Gegenwart und die Abwägung der Handlungsoptionen für die Zukunft ist die Kenntnis dieser Grundlagen unerlässlich.

Zeitzeugen aus dem Deutschen Kaiserreich und auch aus der Weimarer Republik leben nicht mehr. In wenigen Jahren werden auch die persönlichen Berichte aus der Zeit der Diktatur der Nationalsozialisten nur noch als audiovisuelle Aufzeichnung verfügbar sein.

Wer waren jedoch die entscheidenden Köpfe in dieser Zeit? Was bewegte die Herrschenden und die Opposition? Wie kam es zu den Entwicklungen? Diesen Fragen widmet sich diese Buchreihe, in der Schriften aus der Zeit des Deutschen Reiches wieder verlegt und damit der Nachwelt für das authentische Quellenstudium zugänglich gemacht werden.

Gerade in unserem, dem sogenannten digitalen Zeitalter, ist die Gefahr der Vernichtung und vor allem der Verfälschung von Quellen so groß wie bisher in keiner anderen Phase der Neuzeit. Die Bibliotheken sind gezwungen, mit immer geringeren Budgets zu haushalten und können den Interessierten nur noch selten den Zugang zu den Schriftstücken im Original gewähren. Die Anzahl antiquarischer Bücher sinkt stetig aufgrund des altersbedingten Verfalls, der unvermeidbaren Zerstörung durch Unfälle und Naturkatastrophen sowie des Abhandenkommens durch Diebstahl. Viele Titel verschwinden zudem in den Regalen von Sammlern und sind für die Allgemeinheit nicht mehr zugänglich. Das Internet mit seinem vermeintlich unbegrenzten Zugriff auf Informationen stellt sich immer mehr als die große Bedrohung für Überlieferungen aus der Vergangenheit heraus. Die Bezugsquellen der digitalen Daten sind nicht nachhaltig, die Authentizität der Inhalte nicht gewährleistet und deren Überprüfbarkeit längst unmöglich. Die Digitalisierung von Bibliotheksbeständen erfolgt meist automatisiert und erfasst die Schriften häufig lückenhaft und in schlechter Qualität. Die digitalen Speichermedien wie Magnetplatten, Magnetbänder oder optische Speicher haben im Gegensatz zu Papier nur einen sehr kurzen Nutzungszeitraum.

In der vorliegenden Reihe *Deutsches Reich – Schriften und Diskurse* werden authentische Schriften und Reden der Reichskanzler, begleitende Texte Parlamentsabgeordneter und Ideologen der Parteien, sowie allgemeine politisch-historische Abhandlungen verlegt.

Björn Bedey
Herausgeber der Reihe *Deutsches Reich – Schriften und Diskurse*

Vorwort

zu vorliegendem Werk

Warum ein Reprint aus dem Jahre 1915 zum Thema Otto von Bismarck, dem ersten Kanzler des 1871 gegründeten Deutschen Kaiserreiches? Warum sollte man sich in Zeiten des Zusammenwachsens Europas auseinandersetzen mit deutscher Geschichte des 19. Jahrhunderts, einer Ära des Nationalismus und Imperialismus, in der es im entstehenden Europa maßgeblich darum ging, andere Nationen zu bekriegen und diese zu beherrschen, als miteinander zu kooperieren und eine politische Gemeinschaft zu begründen? Was nützt einem heute, im Jahre 2012, die Politiker-Biographie Bismarcks als Lektüre?

Otto von Bismarck war bereits zu seinen Lebzeiten ein Phänomen und ist dies auch heute, mehr als 100 Jahre nach seinem Tode noch. In weniger als drei Jahren wird sich der Geburtstag des ersten Kanzlers des Deutschen Kaiserreiches bereits zum 200. Mal jähren, aktuell gibt es diverse neue Buchveröffentlichungen zu diesem Thema. Dabei überwiegen heute nicht mehr nur die positiven Beschreibungen, Bismarck wird durchaus auch kontrovers gesehen in seiner Politikausübung.

Gibt man das Stichwort „Otto von Bismarck" in einer Suchmaschine ein, erhält man mehr als 500.000 Treffer. Es gibt tausende Publikationen zum Leben von Bismarck, die Faszination für diesen Mann, der annähernd 30 Jahre die Geschicke Preußens, später Deutschlands und Europas maßgeblich bestimmt hat, scheint ungebrochen.

Als preußischer Ministerpräsident und Minister für Auswärtige Angelegenheiten, später erster Reichskanzler des von ihm mitbegründeten Deutschen Kaiserreiches, war und ist Bismarck Inhalt von zahlreichen wissenschaftlichen Fachaufsätzen, Büchern, Denkschriften. Von vielen wurde er in den seinem Rücktritt 1890 folgenden Jahren und Jahrzehnten als „Gigant" bezeichnet, als beinah überirdisch begabter Politiker, der es mit seiner Innen-, vor allem aber auch seiner genialen Außenpolitik geschafft hat, den jungen Nationalstaat Deutschland in der zweiten

Hälfte des 19. Jahrhunderts zur europäischen Großmacht Nummer eins werden zu lassen. Sein Ziel bestand dabei stets darin, das als Mittelmacht in Europa in exponierter Lage befindliche Deutschland in ein kompliziertes Bündnisgeflecht mit anderen Mächten einzubinden, um so der Gefahr eines Krieges gegen die deutsche Nation zuvorzukommen. Dies war ihm bis zu seinem Austritt aus der aktiven Politik, forciert durch den damals erst 29-jährigen Kaiser Wilhelm II., auf eindrucksvolle Weise gelungen. In der Folgezeit, die als Wilhelminismus bekannt geworden ist, wurde die bereits bestehende preußische Militärtradition konsequent vertieft, aggressiv aufgerüstet und versucht, sich den von Wilhelm II. sehnlich erhofften „Platz an der Sonne" für das Deutsche Kaiserreich zu sichern. Dieser Eroberungswahn gepaart mit krankhaftem Geltungsdrang führte schließlich in die Urkatastrophe des 20. Jahrhunderts, in den Ersten Weltkrieg.

Der im Jahr 1815 auf einem pommerschen Gut geborene Otto Eduard Leopold von Bismarck–Schönhausen studierte ab 1832 Jura, entschied sich aber schnell gegen eine Beamtenlaufbahn, die ihm zu langweilig erschien. Viel lieber widmete sich der aus altem Adelsgeschlecht stammende Bismarck dem Feld der Politik, die er ab 1846 als Mitglied des Landtages entschieden mit zu gestalten verstand. Sein Aufstieg zu höchsten Staatsämtern wurde daraufhin ein rasanter. Innerhalb weniger Jahre wurde Bismarck vom einfachen Mitglied des Vereinigten Landtages zum Abgesandten Preußens beim Bundestag in Frankfurt, später zum Botschafter in Moskau und Paris ernannt und stieg 1862 schließlich auf zum Ministerpräsidenten (und Minister für Auswärtige Angelegenheiten) Preußens, dem größten, militärisch wie auch wirtschaftlich stärksten deutschen Einzelstaat auf. In dieser Funktion arbeitete er kontinuierlich darauf hin, dessen Stellung innerhalb des Deutschen Bundes auszubauen und, wenn möglich, einen eigenen deutschen Nationalstaat mit Preußen als starkem Mittelpunkt zu schaffen. Die Klärung dieser „Deutschen Frage" entschied das durch die Industrielle Revolution technisch und ökonomisch aufstrebende Preußen gegen Österreich für sich. Bismarck

verstand es in der Folgezeit, die süddeutschen Staaten über Militärbünd-
nisse und die Neubildung des Zollvereines an Preußen zu binden und
mit dem Sieg über den ewigen französischen Rivalen 1871 endgültig
den Weg frei zu machen für die „kleindeutsche" Reichsgründung, ohne
die Anbindung Österreichs.

Nach dem Sieg über den republikanischen Erzrivalen Frankreich unter Napoleon III. und der Proklamation des Deutschen Kaiserreiches,
schaffte es Bismarck mit einer maßvollen Außenpolitik annähernd zwei
Jahrzehnte lang, den europäischen Frieden zu wahren. Deutschlands
wirtschaftliche Kraft war nach seinem Zusammenwachsen zum nationalen Bundesstaat stetig gestiegen, die militärischen Erfolge in drei Kriegen eindrucksvoll bewiesen. Durch seine geografisch zentrale Lage war
es umringt von Konkurrenten, die es davon abzuhalten galt, sich gegen
Deutschland zu verbünden. Bismarck, der als preußischer Ministerpräsident 1862 noch vor dem Parlament davon gesprochen hatte, dass nicht
durch Reden und Mehrheitsbeschlüsse die großen Fragen der Zeit entschieden würden, sondern durch „Blut und Eisen", sprach in seiner
Doppelfunktion als Reichskanzler und Außenminister von der Saturie-
rung des deutschen Staates ab den 1870er Jahren. Mit den gewonnen
Kriegen um Schleswig-Holstein (1864), gegen Österreich (1866) und
gegen Frankreich (1870/71), sei der deutsche Hunger nach Eroberung
von immer noch mehr Gebieten befriedigt.

Bismarck beschränkte sich fortan darauf, erfolgreich Bündnisse mit
Österreich und Russland zu schmieden, den anderen beiden Bastionen
des Konservatismus in Europa. Auf diese Weise sollte der Nachbar
Frankreich isoliert werden und seinerseits keine Gelegenheit haben, sich
mit den beiden anderen Kaiserreichen gegen Deutschland zu verbünden.
1879 schlossen Deutschland und Österreich-Ungarn den geheimen
Zweibund, der bei einem Angriff seitens Russlands zum Beistehen ver-
pflichtete. 1881 gelang Bismarck das Zustandekommen des Dreikaiser-
abkommens, bei dem es darum ging, dass sich die Unterzeichnenden vor
dem Angriff einer vierten Macht schützen wollten. Der Rückversicherungsvertrag von 1887 dagegen versicherte Deutschland und Russland

vor einem französischen bzw. österreichisch-ungarischen Angriff. Bismarck gelang es mit seiner umsichtigen Bündnispolitik, den noch jungen Nationalstaat ab 1871 aus dem militärischen Fokus der anderen europäischen Großmächte zu nehmen durch Verträge, die die Großmächte miteinander verbanden. Die Politik auf dem Kontinent wurde damit zu einem „Konzert der europäischen Mächte", die zueinander in einem fragilen Gleichgewicht standen.

Darüber hinaus wurde Bismarck durch sein Verhandlungsgeschick, das er so oft zugunsten des Kaiserreiches genutzt hatte, als der „ehrliche Makler" bekannt. 1878 erreichte er auf dem dafür abgehaltenen Berliner Kongress, die auf dem Balkan konkurrierenden Großmächte Österreich-Ungarn und Russland an den Verhandlungstisch zu rufen und einen Krieg zu verhindern. Möglich war dies, da das deutsche Kaiserreich selbst keinerlei eigene Interessen auf dem Balkan verfolgte, da dieser Bismarck „nicht die Knochen eines einzigen pommerschen Grenadiers wert" war. Sein Ansehen im europäischen Ausland stieg mit dem Erfolg der von ihm geführten Verhandlungen weiter.

Bismarck verstand sich allerdings nicht nur auf das Feld der Außenpolitik, sondern wusste ebenso innenpolitisch zu punkten. In seiner Amtszeit wurde nach preußischem Vorbild die Zivilehe eingeführt. Er förderte Leistungen wie die weltweit allererste Schaffung einer gesetzlichen Krankenversicherung (1883), das Unfallversicherungsgesetz (1884) oder die Invaliditäts- und Altersversicherung (1889). Die Etablierung dieser Gesetze sollte die Parteien von ihrer Basis trennen, ihre Bedeutung im Volk zurückdrängen und mit Hilfe des Instrumentes dieser Staatspolitik eine stärkere Bindung des Volkes an den Staat erzeugen. Dagegen setzte er im Jahre 1878 das „Sozialistengesetz" durch, welches sozialistische Organisationen und ihre Presse unterdrückte, Sozialdemokraten verfolgte und zur Auflösung von christlich-sozialen als auch liberalen Arbeitervereinen beitrug. Bismarck war in seiner Zeit als Ministerpräsident Preußens sowie als Reichskanzler Deutschlands ein Machtmensch, stets streng darauf bedacht, seine Autorität zu bewahren.

Die Sicht auf den Menschen und Politiker Bismarck bleibt somit gespalten. Durch die Gründung des deutschen Nationalstaates und des auf Realpolitik aufbauenden komplizierten Bündnissystems wurde Bismarck in der Historiografie häufig idealisiert und überhöht als der begabteste Politiker seiner Ära und kongenialer Gründer des deutschen Nationalstaates. Sein konservativer Politikstil, verbunden mit der Abneigung gegenüber dem Parteiensystem, die von ihm forcierte Einführung des „Sozialistengesetzes" oder seine antipolnische Politik in den preußischen Ostprovinzen lassen ihn allerdings nicht durchweg positiv als treusorgenden Pater patriae erscheinen.

Das vorliegende Werk wurde mitten im zweiten Jahr des Ersten Weltkrieges, zu Ehren von Bismarcks 100. Geburtstag verfasst. Bismarcks letzter Dienstherr, Kaiser Wilhelm II., hatte dafür gesorgt, dass der „Lotse" das Schiff Deutschland verlassen musste. Die Großmannssucht Wilhelms II. ließ ihn eine so aggressive Politik betreiben, dass er sein Land in einen Krieg führte gegen die Großmächte England, Frankreich und Russland, später gleichfalls die Vereinigten Staaten von Amerika. All das, wofür Bismarck mit einer auf Ausgleich setzenden Politik erreicht hatte, war vernichtet. Das deutsche Kaiserreich war umringt von Gegnern, die es von dem Versuch abhalten wollten, die Herrschaft über ganz Europa zu übernehmen.

In seinem Werk gibt Geppert einen Einblick in das Leben des Reichskanzlers, seine Jugend und Studentenzeit, seinen Aufstieg zum Gesandten in St. Petersburg, dem ersten Ministeramt, sein Aufstieg zum mächtigsten Mann in Preußen und später in ganz Deutschland. Nun hat man im Jahr 2012, etwa 100 Jahre nach Erscheinen, die Möglichkeit, den Text der Originalausgabe wieder lesen zu können, in moderne Schrift übertragen und neu herausgegeben. Man spürt förmlich die glühende Verehrung des Autors für diesen Ausnahmepolitiker. Geschuldet ist dies natürlich gleichfalls der Entstehungszeit und den gesellschaftlichen Umständen. Im Jahr 1915 waren viele Weiheschriften zu Ehren des Jubilars verfasst worden, die sein Werk überhöhen und gleichfalls dafür sorgen sollten, dass sich jedes Mitglied der Gesellschaft dafür einsetzte, dass die vom Eisernen Kanzler herbeigeführte Einheit und Stärke des Staates nicht verloren ginge.

Abschließend kann man die Frage nach dem Nutzen der Lektüre über Bismarck vielleicht damit beantworten, dass es über das reine Erkenntnisinteresse bezüglich einer Politikerbiografie nicht nur als geboten erscheint, allgemein über die deutsche Geschichte informiert zu sein, die dem Nationalsozialismus und 2. Weltkrieg vorausging. Oder die näheren Umstände einer politischen Gründung eines (deutschen) Nationalstaates im 19. Jahrhundert kennen zu lernen. Sondern dass es in Zeiten, wo über die Abgabe von nationalen Kompetenzen an eine zentrale Behörde in Brüssel beraten, Gedankenexperimente zu Fiskalpakten und Transferunionen angestellt werden und es allgemein um die Schaffung eines transnationalen, politisch und wirtschaftlichen vereinten Gebildes geht, möglicherweise Parallelen gezogen werden können zu ähnlichen Ideen bereits vor etwa 150 Jahren.

Sebastian Liedtke

Sebastian Liedtke studierte Neuere, Neueste und Zeitgeschichte an der Universität Bremen und arbeitet derzeit als Lektor für den Severus Verlag.

Inhalt

Otto v. Bismarck

I.
Auch das Genie ist zeitlich und lokal bedingt

„Die gestern erfolgte glückliche Entbindung meiner Frau von einem gesunden Sohne verfehle ich nicht, allen Verwandten und Freunden, unter Verbittung des Glückwunsches bekannt zu machen."

Schönhausen, den 2. April 1815.

Ferdinand von Bismarck.

Das ist die Anzeige, durch die die Welt von der Geburt des größten deutschen Mannes, unseres Otto von Bismarck, „unter Verbittung des Glückwunsches" benachrichtigt wurde.

Das Genie wurzelt in dunklen, verborgenen Tiefen der Menschenseele, in die die Sonde des Psychologen nicht hinabdringt; höchstens der Dichter kann es uns im Bilde nahebringen, erklären kann auch er es nicht. Dem genialen Menschen gegenüber gebührt sich stille Ehrfurcht. Das entbindet uns aber nicht von dem Recht und der Pflicht, den Versuch zu machen, dem Denken und Handeln des Genies in seiner Entwickelung nachzuspüren, um ihm so näher zu kommen. Auch das Genie ist zeitlich und lokal bedingt und kann eben bis auf jenen geheimnisvollen Rest historisch begriffen werden.

Am 1. April 1815 wurde Otto von Bismarck geboren. Am 1. März war Napoleon I. bei Cannes gelandet, am 18. Juni machte die Schlacht bei Belle-Alliance seiner Herrschaft endgültig ein Ende.

So fiel Bismarcks Geburt in die Zeit des höchsten nationalen Aufflammens, das ein Volk, sein Volk, jemals durchbraust hat. Wenn er auch mit wacher Seele nichts mehr von dieser heroischen Zeit erlebt hat, ihre Spuren sind doch noch in seinem Heldengeist zu erkennen. Der Sturm, der das Meer zu wildem Rasen auspeitscht, kann längst vertauscht sein, und doch wogen und wallen und schäumen die Wellen noch und tragen die Spuren seines Tobens. So haben sich auch die Zeichen jener Tage der Seele des Volkes eingeprägt, bildet ja doch das ganze Jahrhundert nur die Fortsetzung und Erfüllung jener wunderbaren Zeit. Auch in Bismarcks Seele, der der Erfüller unserer nationalen Träume werden sollte, begegnen wir immer wieder ihren Spuren. Gewiß ist es kein Zufall, daß sich Bismarcks Worte, als er das erstemal im Vereinigten Landtage am 17. Mai 1847 „als er selber"[1] auftrat, auf die Auffassung der Befreiungskriege beziehen. Der Abgeordnete von Saucken hatte behauptet, die Erhebung des preußischen Volkes sei nicht nur eine Folge der Fremdherrschaft gewesen, sondern auch darauf zurückzuführen, daß das Volk gehofft habe, eine Verfassung zu erlangen. Da erhob sich der jugendliche Deichhauptmann und Abgeordnete und warf dieser in liberalen Kreisen damals weit verbreiteten, allerdings durchaus unhistorischen Ansicht seine Anschauung, aus der der ganze Stolz des echten Preußen lodert, in wenigen lapidaren Sätzen entgegen:

„Ich fühle mich gedrungen, dem zu widersprechen, was auf der Tribüne sowohl als außerhalb dieses Saales so oft laut geworden ist, als von Ansprüchen auf Verfassung die Rede war: als ob die Bewegung des Volkes von 1813 anderen Gründen zugeschrieben werden müßte, und es eines anderen Motivs bedurft hätte, als der Schmach, daß Fremde in unserm Lande geboten. Es heißt meines Erachtens der Nationalehre einen schlechten Dienst erweisen, wenn man annimmt, daß die Mißhandlung und Erniedrigung, die die Preußen durch einen fremden Gewalthaber erlitten, nicht hinreichend gewesen seien, ihr Blut in Wallung zu bringen und durch den Haß gegen die Fremdlinge alle andern Gefühle übertäubt werden zu lassen."

Aber wir würden die Grundlagen für Bismarcks Entwickelung verfälschen, wenn wir nur dieser strahlenden Epoche gedächten. Seine Wurzeln hat er in einer Zeit gefunden, die minder glänzend, äußerlich sogar eine der traurigsten Zeiten Preußens und Deutschlands war.

---

[1] cf. Marcks I, 401. – Sein Geplänkel mit Vincke am 15. Mai, die erste öffentliche, politische Äußerung, kann man in diesem Zusammenhange übergehen.

Für das preußische und deutsche Volk hatte freilich „der Haß gegen die Fremdlinge" genügt, um sein Blut in Wallung zu bringen, aber an seinen Sieg knüpfte es seine idealsten Hoffnungen auf Einheit und Freiheit und auf Wiedergewinnung urdeutschen Besitzes. Um diese Hoffnungen wurde es betrogen. Wir wissen heute, daß die Erfüllung dieser Hoffnungen damals unmöglich war. Die Einigung scheiterte an dem unüberwindlichen Dualismus zwischen Preußen und Österreich. Sollte Habsburg seine jahrhundertealten Vorrechte im Heiligen Römischen Reiche Deutscher Nation aufgeben? Sollte Preußen, das eben das Beste für Deutschlands Befreiung geleistet, sich unter die Herrschaft eines nur halbdeutschen Staates ducken? Um sofort aber den unvermeidlichen Kampf zu bestehen, dazu waren beide Staaten durch die endlose Kriegszeit zu geschwächt. Auch wäre eine Einmischung der europäischen Großmächte damals unvermeidlich gewesen.

Ungefähr das Gleiche galt von der Wiedererwerbung Straßburgs. Ohne Einigung hatten weder Österreich noch Preußen ein Interesse hieran. Der Machtzuwachs hätte höchstens einem Rheinbundstaat zugute kommen können. Die Mächte aber wünschten eine Vergrößerung Deutschlands in keiner Form.

Und politische Freiheit? War Frankreich nicht ein warnendes Beispiel für den Segen, den politische Freiheit einem Volke bringt? Wohl beruhte die Erhebung Preußens auf der aufopfernden Hingebung der Massen, wohl war diese Hingebung mit Bewußtsein geweckt und genährt worden durch den freien Geist, der durch Stein und Scharnhorst in den preußischen Staat hineingetragen war; aber die Regierungen, auch gerade Friedrich Wilhelm III., hatten doch zu diesem „revolutionären" Geiste kein herzliches Vertrauen; das Menetekel der französischen Revolution blieb bei ihnen in Kraft, und so fiel die Saat Metternichs, der Mißtrauen gegen jede freie, völkische Bewegung hegte, auf einen fruchtbaren Boden. Wohl verhieß die Bundesakte jedem deutschen Staate eine ständische Verfassung, wohl hatte Friedrich Wilhelm III. 1815 seinem Volke eine Verfassung versprochen – aber diese Versprechungen blieben unerfüllt.

Wir verstehen es heute nur schwer, wie es möglich war, daß das Volk diese Enttäuschungen fast wortlos jahrzehntelang trug. Und doch war es nur zu natürlich. Wir haben heute kaum einen Begriff von der Zerrüttung des wirtschaftlichen Lebens, wie sie durch die Kriegsjahre herbeigeführt war. Der deutsche Bürger, Bauer und Edelmann hatte damals wirklich nicht die Zeit, politischen Idealen nachzujagen. Solange der wirtschaftliche Druck bestand, mußte das Volk geduldig sein. Dazu kam der vollständige Mangel an politischer Organisation – ein Parteileben kannte die Zeit noch nicht – kam die alte Gewöhnung an gleichgültigen Gehorsam, kam – und das darf nicht unterschätzt werden – das patriarchalisch-persönliche Verhältnis, das, wenigstens in Preußen, das Volk mit seinem ehrwürdigen Herrscher verband, mit dem es Not und Leid und Glück und Sieg geteilt hatte.

So erscheint die Zeit nach 1815 auf den ersten Blick als eine Periode, in der der deutsche Michel, auch in dem stolzen Preußen, die Zipfelmütze seines Phlegmas über die Ohren zog und in Schlafrock und Pantoffeln sich mit einer kleinmütigen Behaglichkeit begnügte. Dem tieferen historischen Blick – wir verdanken diese Erkenntnis vor allem Treitschke – bleibt es aber nicht verborgen, daß diese Jahrzehnte von rastloser Arbeit erfüllt waren.

Es war eine stille Arbeit, die hier in treuester Pflichterfüllung geleistet wurde, die aber allen Gebieten des staatlichen und gesellschaftlichen Lebens zugute kam. Das stolze Österreich hatte seine finanziellen Nöte durch das bequeme Mittel des Staatsbankerotts zu beseitigen gesucht, das arme und unendlich geplagte Preußen hatte noch nicht 10 Jahre nach dem Kriege seine Finanzen wieder völlig geregelt.[2] Schon seit 1825 überstiegen die Einnahmen beträchtlich die Ausgaben; die Steigerung von Handel und Verkehr prägt sich deutlich in dem Anwachsen der Städte aus. So hatte Berlin 1816 195000 Einwohner, 1840 über 322000. Was durch die Regelung des Zollwesens, namentlich durch die Begründung des Zollvereins, nicht nur für den Staat, sondern für die Nation

---

[2] Für die folgenden Zahlenangaben cf.. G. Kaufmann, „Politische Geschichte Deutschlands im 19. Jrh." Berlin 1900. S. 203 f.

Otto v. Bismarck als Knabe
Von Franz Krüger

geleistet wurde, ist zu allgemein bekannt, als daß es hier näher ausgeführt werden müßte. Wie der Staat für Verbesserung des Verkehrs sorgte, zeigt am besten, daß, noch zwischen 1830-1840 außerordentlicherweise für Chausseebauten 15 Millionen Taler ausgegeben wurden. So blühten Handel, Industrie und Landwirtschaft fröhlich empor.

Aber auch auf geistigem Gebiete ist das Bild ein erfreuliches. Das Schulwesen ward in allen Zweigen kräftig gefördert. Die Bedeutung des wissenschaftlichen Lebens illustrieren Namen wie Hegel, Schleiermacher, die Humboldts, Savigny, Niebuhr, die zugleich eine hohe gesellschaftliche Stellung einnahmen und so die Verschmelzung der Stände vorbereiteten. Daß ein Mann wie Humboldt sich diesem Staate aus freier Seele widmen konnte, ist der beste Beweis, daß ein geistiger Zwang nicht herrschte. Die Demagogie wurde dann allerdings unter dem Druck Metternischer Allmacht verfolgt, und leider ist es dabei zu zahlreichen bedauerlichen Mißgriffen gekommen, die nicht beschönigt werden können und sollen, aber die wissenschaftliche Arbeit blieb frei.

So entrollt sich uns ein Leben voll mannigfacher, eigenartiger Widersprüche. Die furchtbare Erniedrigung von Tilsit war überwunden, aber auch der Glanz der Tage von 1813 war verblichen. Ein fast patriarchalisches Königtum, dem Prinzip nach durchaus noch der Absolutismus Friedrichs des Großen, stand an der Spitze. Aber sein Absolutismus war durchlöchert; schon die Größe des Staates machte ihn unmöglich, die Beamtenschaft, besonders in der Form der Fachministerien, bedeutete tatsächlich seine Einschränkung. Und diese Beamtenschaft selbst zeigte bei aller Bereitwilligkeit, den Befehlen des Herrschers zu gehorchen, einen liberalen Einschlag. Freilich war es der Liberalismus, gegen den Bismarck noch später so gewettert hat, der geheimrätliche Liberalismus. Die Ziele blieben die der großen Reformer, aber der tiefere Sinn, das Bewußtsein, die Volkskraft wecken und unwiderstehlich machen zu wollen, fehlte. So blieben die Maßnahmen auf halbem Wege stehen und haben doch Großes erreicht – haben freilich auch oft genug hemmend gewirkt. Das war die Staatsmaschinerie, in der friderizianisches Borussentum, reformatorisch gesinntes Preußenwesen untereinander und mit

20

einem leisen Einschlag deutschen Nationalgeistes eine eigenartige Verbindung eingegangen waren.

Ähnliche Mischungen zeigte auch die soziale Gliederung und die wirtschaftliche Gestaltung dieses merkwürdigen Staates. Noch war seine Grundlage durchaus agrarisch, und so bildeten Adel und Bauernstand die natürlichen festen Pfeiler des Staates. Dieser Adel aber fühlte sich in seinen Privilegien bedroht, so vorsichtig auch der Staat gegen sie vordrang. Wohl waren sich weite Kreise darüber klar, daß die bäuerlichen Verhältnisse zum Teil unhaltbar waren, aber die Wege, die der vorsichtig tastende Staat einschlug, schienen vielen verfehlt und nur geeignet, den Ruin des Adels herbeizuführen. Dabei fühlten sie sich auch durch das Beamtentum von der Person des Königs abgedrängt, und endlich waren sie mit der schwächlichen äußeren Politik wenig einverstanden. Man wollte nicht ein Ducken unter die östlichen Kaisermächte, man wollte gleichberechtigt neben ihnen stehen, ohne sich allerdings darüber klar zu sein, daß das über kurz oder lang den Krieg gegen Österreich bedeutete. Dieses Geschlecht, das z. T. noch die Schlachten Friedrichs des Großen geschlagen, lebte in der Erinnerung an die kühne, selbständige Politik jener Tage. Das stolze, seiner Kraft bewußte Preußentum – Junkertum nennen's die Gegner mit einem gewissen Recht; wenn man auf manche Schattenseiten blickt – hier lebte es, nicht unberührt von den Einflüssen der neuen Zeit, aber doch durch sie ungebrochen.

Der Bauer hatte als Stand durch die unvollständig und in mancher Beziehung unvorsichtig durchgeführte Bauernbefreiung fast mehr verloren als gewonnen. Zahlreiche Familien mußten ihre Scholle ganz verlassen, andere konnten sie nur als Pachtung erhalten. Dennoch wird man zugeben können, daß in sehr vielen Fällen das Verhältnis zwischen der Gutsherrschaft und ihren Bauern ein gutes war, das der gegenseitigen Anhänglichkeit nicht entbehrte. Langsam aber notwendig entwickelte sich neben dem Bauerntum eine ländliche Arbeiterschaft, der – wie heute – der enge Zusammenhang mit dem heimatlichen Boden fehlte. Dazu gesellte sich dann der im raschen Aufblühen begriffene Bürgerstand. Die glückliche wirtschaftliche Politik des Staates, dazu die freiheitliche Entwickelung der Städte auf Grund der Städteordnung gaben ihm eine gesunde Grundlage und gewöhnten ihn an eine freiheitliche Selbstverwaltung. Beides gab ihm das Selbstbewußtsein, allmählich auch politische Forderungen zu stellen. So ward er allmählich der Träger liberaler Gedanken und damit auch der Förderer national-deutscher Ideen; beides ist damals kaum voneinander zu trennen. In den ersten Jahren nach 1815 war es vor allem die Jugend, die studentische Jugend, die diese Gedanken pflegte, sie aber ward dann das ältere Geschlecht, der wirtschaftliche Aufschwung trat hinzu, die Julirevolution von 1830, die Bewegungen in Griechenland und Italien taten das Ihre, um diesen Wünschen eine immer stärkere Kraft zu verleihen. Solange aber der alte, ehrwürdige König lebte, gewann diese Bewegung keine Kraft, und in seine Zeit fällt die erste Entwickelungsperiode unseres Otto von Bismarck.

Zu diesen allgemeinen Grundlagen traten selbstverständlich noch die Einflüsse der Familie. Auch hier trafen die merkwürdigsten Widersprüche zusammen. Ferdinand von Bismarck entstammte einer Familie, die seit Jahrhunderten auf ihrer märkischen Scholle gesessen hatte. In allen Kriegen des preußischen Staates finden wir diese Bismarcks als tapfere Offiziere für ihre Könige fechtend. Bei vielen von ihnen zeigt sich aber auch eine fast rührende Anhänglichkeit an den Familienbesitz. Sie ziehen sich nach einigen Jahren aus dem Staatsdienst zurück, um als derbe Landjunker auf ihrer Scholle zu leben und zu sterben. Staatsmännische Eigenschaften treten fast gar nicht hervor, literarische Interessen nur selten und in beschränktem Maße. Ganz in diesen Kreis gehört Ferdinand von Bismarck, der Vater des Fürsten. Er ist eine liebenswürdige Persönlichkeit, auch er hat als Offizier für Preußen während der Revolutionsjahre im Felde gestanden, sich dann aber früh in Schönhausen zur Ruhe gesetzt. Sein Leben lang ist er ein schlichter Landjunker geblieben, wenn er auch in der Verwaltung seiner Güter wenig glücklich war. Aus seinen Briefen spricht ein schlichtes, warmes Gemüt, ein klarer Verstand, – aber jede Spur von Genialität fehlt.

22

Dieser Mann heiratete Wilhelmine Mencken, die Tochter des Kabinettsrates Mencken, der aus einer durchaus städtischen Familie stammt. Hier lebten wissenschaftliche Interessen, Wilhelminens Vater ist der erste, der sich dem Staatsdienste widmete. Stein hat ihn als „einen ehrlichen, stark liberalen Beamten" bezeichnet. So wuchs Wilhelmine in höfischen Kreisen auf und blieb dem Landleben durchaus fremd. Der Einfluß, den sie auf die Verwaltung der Güter ausübte, war wenig glücklich. Sie neigte bezeichnenderweise zur Einführung von kostspieligen Neuerungen, ohne die Energie und Stetigkeit zu folgerechter Durchführung zu besitzen. Sie war es offenbar, die für die Erziehung der Söhne in Berlin sorgte und sie so frühzeitig von der heimatlichen Scholle löste, die den monatelangen Aufenthalt der Familie in Berlin herbeiführte, wohl um ihre Beziehungen in Hofkreisen aufrecht zu erhalten, die den Entwickelungsgang der Söhne sehr energisch beeinflußte, besonders Otto durchaus in die diplomatische Laufbahn drängen wollte, aber sehen mußte, daß er diese verließ, bevor sie begonnen. In ihr lebten politisches Interesse und literarische Neigungen, mit einer starken Vorliebe zu scharfer Beurteilung. Lebhaft war ihr Ehrgeiz, wenigstens für die Söhne, und ihr Drängen hat die Kinder eher abgestoßen als angezogen. Otto empfand es mindestens zeitweise als Selbstsucht und mangelnde Gefühlswärme.

„Der Vater war das Herz, die Mutter der Verstand des Hauses", so wird das Verhältnis von einer der Familie befreundeten Dame geschildert, und diese Darstellung trifft wohl das Richtige, faßt doch auch Bismarck selbst sein Urteil über die Eltern in ähnlicher Weise zusammen.[3] Das sind die Lebensbedingungen, aus denen das Genie Otto von Bismarck emporwuchs.

---

[3] cf. z. B. Busch, „Tagebuchblätter" II, 425.

II.

„Ich will aber Musik machen, wie ich sie für gut erkenne, oder gar keine."

Wie von den Eltern her die verschiedenartigsten Einflüsse auf Otto von Bismarck wirkten, so zerrte seine Jugend ihn zwischen ähnlichen Widersprüchen hin und her.

Bis zu seinem 6. Lebensjahre wuchs er in ungebundener Freiheit auf dem Lande auf. Bald nach seiner Geburt siedelten seine Eltern von Schönhausen nach Pommern über, wo ihnen durch Erbschaft die Güter Kniephof, Külz und Jarchelin zugefallen waren. In der anmutigen Hügellandschaft von Kniephof wurzelten seine liebsten Kindheitserinnerungen, und noch im Alter war es ihm, wenn er an den alten Kuhhirten Brand dachte, als wenn der Duft von „Heidekraut und Wiesenblumen" ihn umschwebe. Aber schon mit 6 Jahren wurde er, wie schon vorher sein älterer Bruder Bernhard, „der turnerischen Vorschule mit Jahnschen Traditionen", dem bekannten Plamannschen Institut in Berlin überwiesen, – ein jäher Wechsel, den das Landkind nie ganz überwunden hat, und der noch den alternden Bismarck mit einer in der Hauptsache wohl ungerechten Bitterkeit erfüllt hat.[4] 1827 trat er dann in das Friedrich-Wilhelms-Gymnasium über und gehörte seit 1831 dem Schulverbande des „Grauen Klosters" an. Hierhin folgte er wohl dem Professor Dr. Bonnel, den er verehren und lieben gelernt hatte. Dieser übernahm damals das Direktorat der Anstalt, und in seinem Hause hat Bismarck den Rest seiner Schulzeit als gern gesehener Hausgenosse verlebt.

Obwohl wir auch aus diesen Schuljahren mancherlei Nachrichten und Anekdoten besitzen, bieten sie uns für das Bild des Knaben und Jüng-

---

[4] Für Bismarcks Auffassung cf. Liman, „Bismarck-Denkwürdigkeiten" S. 21 u. 22. Dem stehen aber andere Zeugnisse z.T. von Bismarck selbst, z.T. von anderen entgegen. Man vergleiche z. B. Ernst Krieger, „Kleine Mitteilungen aus der Jugendzeit des Fürsten Bismarck." Sie zeigen, daß der Knabe höchstens zeitweise unter dem Druck der Anstalt gelitten hat, sonst aber als ein rechter Junge auch an den Freuden der Schule teilgenommen hat.

24

lings nichts Absonderliches. Keine hervorstechende Neigung oder Abneigung, keine hervorragenden Fähigkeiten lassen sich erkennen, und sicherlich ist die Schilderung, die der greise Fürst von sich in den „Gedanken und Erinnerungen" entwirft, in allen Grundzügen richtig: „Als normales Produkt unsres staatlichen Unterrichts verließ ich Ostern 1832 die Schule." Auch die widerspruchsvollen vollen Einflüsse, die auf ihn gewirkt, kommen in den folgenden Sätzen zu klarem Ausdruck: „– – als Pantheist, und wenn nicht als Republikaner, doch mit der Überzeugung, daß die Republik die vernünftigste Staatsform sei, und mit Nachdenken über die Ursachen, welche Millionen von Menschen bestimmen können, Einem dauernd zu gehorchen, während ich von Erwachsenen manche bittere oder geringschätzige Kritik über die Herrscher hören konnte. Dazu hatte ich von der turnerischen Vorschule mit Jahnschen Traditionen (Plamann) – – deutsch-nationale Eindrücke mitgebracht. Diese blieben im Stadium theoretischer Betrachtungen und waren nicht stark genug, um angeborene, preußisch-monarchische Gefühle auszutilgen. Meine geschichtlichen Sympathien blieben auf Seiten der Autorität. – – Doch blieb mein deutsches Nationalgefühl so stark, daß ich im Anfang der Universitätszeit zunächst zur Burschenschaft in Beziehung geriet, welche die Pflege des nationalen Gefühls als ihren Zweck bezeichnete."

Zu einem ebenso unbefriedigenden Ergebnis kommen wir bei der Betrachtung seiner Studienjahre. Ostern 1832 bezog er die Universität Göttingen, um sich auf die diplomatische Karriere vorzubereiten. Nach dem üblichen, anfänglich übertriebenen Eifer erlahmte sein Fleiß bald. Irgendeinen tiefer gehenden Einfluß der bedeutenden Universitätslehrer können wir bei ihm nicht nachweisen. Bald geriet er in den Strudel des Studentenlebens und genoß es als Mitglied der „Hannovera" in vollen Zügen. Aber nicht einmal eine dauernde Freundschaft hat sich hieraus entwickelt. Er lebte neben seinem Korps sein eigenes Leben. Aus dieser Zeit stammt seine Lebensfreundschaft mit dem Amerikaner John Lothrop Motley. Das ist ein charakteristischer Zug: er gibt sich nur selten und schwer hin. Er bleibt immer er selbst. Und noch eins erscheint bezeichnend: mit einer gewissen Hinneigung zur Burschenschaft kommt er nach Göttingen, aber nach kurzem Schwanken wird er Korpsstudent. Dabei sind seine deutsch-nationalen Neigungen nicht unterdrückt. Gerade in Göttingen wettete er mit dem Amerikaner Coffin, daß Deutschland in 25 Jahren geeint sein würde. Das Hambacher Fest (27. Mai 1832) und der Frankfurter Putsch (3. April 1833) fielen in seine ersten Semester, und diese Übertreibungen stießen ihn ab. Er selbst nennt aber noch weitere Gründe, und sie scheinen mir die entscheidenden gewesen zu sein: „Bei persönlicher Bekanntschaft mit ihren Mitgliedern mißfielen mir ihre Weigerung, Satisfaktion zu geben, und ihr Mangel an äußerlicher Erziehung und an Formen der guten Gesellschaft – – " Der Aristokrat meldet sich in ihm.

In Berlin, wohin er im Winter 1833 ging, hörte das eigentlich studentische Leben auf. Der Verkehr mit Motley wurde enger und freundschaftlicher, und in diesen kleinen Kreis trat noch Graf Alexander Keyserling. Im Übrigen nahm ihn das gesellschaftliche Leben in Anspruch. Sein Studium förderte er mit Hilfe eines Repetitors soweit, daß er am 22. Mai 1835 sein Auskultator-Examen machen konnte. Schon im nächsten Monat ließ er sich dem Stadtgericht in Berlin überweisen, und der Beruf erfüllte ihn zunächst mit „höchst unphilosophischer Leidenschaft". Bald aber stieß ihn der Formenkram der Beamtenlaufbahn ab. Einen langen Urlaub benutzte er, um sich auf das Regierungsexamen als Referendar vorzubereiten, das er am 30. Juni 1836 in Aachen, wohin er sich gemeldet hatte, mit gutem Erfolge bestand. Wieder stürzte er sich mit Eifer in die Arbeit, um nur zu bald zu erlahmen. Das vornehme, internationale Badeleben nahm ihn gefangen; vor allem aber trat zum ersten Male eine leidenschaftliche Liebe in sein Leben. Wir können die Einzelheiten nicht verfolgen. Sicher hängt seine Reise im Juli 1837 damit zusammen. Einen 14-tägigen Urlaub trat er damals an, überschritt ihn um Monate und kehrte erst am 1. November, ohne Aachen noch einmal zu berühren, nach Kniephof zurück. Der vornehme Herr kümmerte sich nicht um Beamtengepflogenheiten. Zugleich fühlt man aber auch, wie wild ihn die Leidenschaft damals durchschüttelt haben muß. Noch Jahre hindurch hat seine Seele unter den Nachwirkungen dieser

Otto v. Bismarck als Student

Von H. Kniephoff

Ereignisse gelitten. Schamhaft hat er sie für alle Zeiten verhüllt, aber wir spüren plötzlich, mit welcher rücksichtslosen Kraft dieser Mensch alle Schranken durchbrechen kann, wenn seine Leidenschaftlichkeit wach gerufen ist.

Die weiteren Anläufe, in eine geregelte Beamtenkarriere zu gelangen, verliefen nicht weniger unglücklich (Winter 1837/38 in Potsdam). Im März 1838 trat er bei dem Gardejäger-Bataillon in Potsdam als Einjähriger ein. Seine Tätigkeit bei der Regierung nahm er nicht wieder auf. Ereignisse in der Familie veranlaßten ihn, seinem Leben eine ganz neue Richtung zu geben.

Seit 1836 war die Mutter kränker geworden. Juni 1838 erklärten die Ärzte die Krankheit für Krebs. In der gleichen Zeit gestalteten sich die Vermögensverhältnisse bedrohlich, und da damals Otto behauptete, „für die ganze Beschäftigung bei der Regierung nur Ekel zu haben", so entschloß sich der Vater, die pommerschen Güter als Eigentum den Söhnen zu überlassen und „seine Subsistenz nur allein auf Schönhausen zu beschränken".

Auf diesen für die Eltern gewiß schweren Entschluß ist Otto sicher nicht ohne Einfluß gewesen. Schon als Student schreibt er einem Freunde halb scherzend, halb ernsthaft: „Ich werde daher wohl das Portefeuille des Auswärtigen ausschlagen, mich einige Jahre mit der rekrutendressierenden Fuchtelklinge amüsieren, dann ein Weib nehmen, Kinder zeugen, das Land bauen und die Sitten meiner Bauern durch unmäßige Branntweinfabrikation untergraben." Ähnlich schreibt er 1835 als Auskultator: „Ich glaube schwerlich, daß mich die vollkommenste Erreichung des erstrebten Zieles, der längste Titel und der breiteste Orden in Deutschland, die staunenswerteste Vornehmheit entschädigen wird für die körperlich und geistig eingeschrumpfte Brust, welche das Resultat dieses Lebens sein wird. Öfters regt sich noch der Wunsch, die Feder mit dem Pflug, und die Mappe mit der Jagdtasche zu vertauschen; doch das bleibt mir ja immer noch übrig." Wem fallen bei solchen Sätzen nicht Worte des großen Bismarck ein? Wie oft hat er es ausgesprochen, er wünsche sich, „unter die Kanonen von Schönhausen zurückzuziehen"! Ja, seine Gattin erklärte sogar einst, „ihn interessiere jede Futterrübe mehr, als die ganze Politik"! Das sind Erklärungen, die nicht wörtlich genommen sein wollen. Es sind Ausflüsse augenblicklicher Stimmung. Sie zeigen aber, daß das freie Landleben in gewissem Sinne stets Bismarcks Ideal gewesen ist. Und von hier aus verstehen wir auch „den Alten im Sachsenwalde". Nicht Verbissenheit trieb ihn in die Einsamkeit, sondern seelisches Bedürfnis.

Wenn wir dies auch erkennen, so ist es doch noch nicht klar, wie der knapp 23-jährige dazu kommt, das Steuer seines Lebensschiffleins so rücksichtslos herumzuwerfen. Nur die Rücksicht auf die mißlichen Vermögensverhältnisse der Familie trieb ihn sicherlich nicht. Ebensowenig war es knabenhafte Sentimentalität, wie sie aus dem Kinde spricht, das jahrelang ängstlich der großen Wiese im Tiergarten aus dem Wege ging, um nicht an Kniephofs Auen erinnert zu werden. Was veranlaßt den jungen Mann dazu, auf alle Aussichten zu verzichten, mit denen sein lebhafter Ehrgeiz oft genug gespielt hatte? Den Präsidentenstuhl, der ihm allerdings mit seinen 2000 Talern Gehalt nicht genügte, die Diplomatenlaufbahn, das Portefeuille eines Ministers? Ein Brief, den er an die Gemahlin seines Vetters, an Karoline Gräfin Bohlen wohl 1838 von Potsdam geschrieben hat, gibt uns darüber Aufschluß.[5] Er verteidigt hier den Entschluß, seine Lebensbahn zu ändern. Alle Gründe führt er an: die mißlichen Vermögensverhältnisse, das Unbefriedigende der Tätigkeit eines Beamten, seine Abneigung gegen den bürokratischen Absolutismus Altpreußens – aber das eigentlich Entscheidende liegt in einem kurzen Satz: „Ich will aber Musik machen, wie ich sie für gut erkenne, oder gar keine!" Die stolze Erkenntnis, ohne enge, hemmende Schranken etwas leisten zu können, und der leidenschaftliche Wunsch, auf eigene Art etwas zu schaffen, spricht aus diesem wuchtigen Satze. Rückblickend können wir nun dies Streben auch in früheren Jahren erkennen. Schon der Zögling der Plamannschen Anstalt – das zeigen alle Nachrichten von Mitschülern – hatte seinen eigenen Ton. „Der Telamonier Ajax", obgleich jünger als die meisten anderen, verstand es,

---

[5] Er existiert allerdings nur im Entwurf. cf. Marcks I, 162.

sich vom ersten Tage an durchzusetzen, und war bald der Führer bei den kindlichen Unternehmungen und Spielen. Als Student in Göttingen wollte er auffallen und fiel auf in dem langen, schlafrockähnlichen, gelben Rock mit der mächtigen Dogge zur Seite, und bald nahm er auch hier eine führende Stellung ein. Ausfüllen aber konnte ihn dies Jugendliche Treiben auf die Dauer nicht. Als Referendar stürzte er sich mehrfach leidenschaftlich und mit Erfolg in die Arbeit; aber das Schablonenmäßige des Dienstes stieß ihn ab. In dem Getriebe dieser genau arbeitenden Maschine konnte er ein Rädchen werden, aber seine Eigenart mußte er aufgeben, *seine* Musik konnte er hier nicht machen. So ergriff er den Anlaß, frei zu werden, mit Freuden. Als Gutsherr konnte er frei schalten und walten, konnte schaffen und wirken, in einem Kreise, der seinen Bedürfnissen entsprach – „der Bismarck erdrückte in ihm", um ein wundervolles Wort von Marcks zu gebrauchen, „den Mencken". Daß dieser Kreis ihm bald zu eng werden würde, konnte er kaum ahnen, obwohl er schon 1834 einem Freunde von Kniephof aus das Leben eines Landjunkers höchst ergötzlich in satirischer Weise geschildert hatte. (cf. S. 27.)

Von 1839 an haben die beiden Brüder die pommerschen Güter gemeinschaftlich bewirtschaftet, als Bernhard 1841 Landrat wurde, übernahm Otto Kniephof und Külz auf eigene Rechnung. Es ist hier unmöglich, die landwirtschaftliche Tätigkeit Bismarcks näher zu schildern. Aber das ist klar, er hat sich ihr in den ersten Jahren mit Verständnis und Eifer, ja mit einer gewissen Leidenschaftlichkeit gewidmet. Seine Liebe hat der Landwirtschaft während seines ganzen langen Lebens gehört. Mit Mißtrauen sah er später auf die Politiker ohne Ar und Halm. Er hatte den Segen dieser praktischen Tätigkeit an sich selbst deutlich empfunden. Selbst von Versailles aus, mitten im Treiben des Krieges und der Politik, hat er seine Varziner Wirtschaft durch lange, schriftliche Weisungen geleitet. Seine Sprache ist getränkt mit Bildern, die der Landwirtschaft und der Jagd entnommen sind. Er verwuchs eben mit dieser Tätigkeit innerlich in ganz anderer Weise als mit irgendeiner früheren. Und was er leidenschaftlich ergriff, das konnte dieser Mann auch.

Hier hatte er eine Stätte gefunden, wo er „Musik machen konnte, wie sie ihm beliebte"; aber es war Einzelmusik, und dieser Mann mußte ein Orchester dirigieren. Solange er zu kämpfen hatte, solange ernste Schwierigkeiten zu überwinden waren, solange war er mit seinem Lose zufrieden. Nach wenigen Jahren aber war die Zeit der Not vorüber – und damit seine Zufriedenheit. In der Ehe hoffte er sie zu finden; aber seine Liebe zu Ottilie von Puttkamer ward schlecht gelohnt. Da brach die alte Unruhe hervor. 1842 finden wir ihn auf einer monatelangen Reise durch England, Schottland, Frankreich und die Schweiz. Doch sein Mißmut wollte nicht weichen. Wir hören nach seiner Rückkehr von Plänen, nach Indien zu gehen. Wir finden ihn in Norderney, wo er die Nordsee lieben lernt. Wir erfahren von Absichten und Versuchen, wieder in den Staatsdienst zu treten, aber der Weg durch die staubigen Büros war auch jetzt für ihn unmöglich. 1845 wurde es dann notwendig, das Bismarck das Stammgut Schönhausen übernahm, und hier mußte er bald eine öffentliche Tätigkeit entwickeln, die ihn in das Amt des Deichhauptmanns hineinzwang und ihn dann von Schritt zu Schritt weiter in das politische Leben hineinführte.

III.
„Außerdem muß man innerlich fromm sein."

Für eine oberflächliche Betrachtung scheint die Zeit als Landwirt für Bismarcks Leben und Wesen verhältnismäßig unwichtig, und doch enthält sie die bedeutsamsten Entwickelungsmomente dieses genialen Mannes.

Als Student in Berlin soll er, so schreibt, freilich 20 Jahre später, Alexander Keyserling an ihn, einst „in wahrscheinlich lichten Momenten" gesagt haben: „Konstitution unvermeidlich, auf diesem Wege zu äußeren Ehren, außerdem muß man innerlich fromm sein!" Über Bismarcks politische Anschauungen in jenen Zeiten wissen wir wenig. Er selbst berichtet darüber, er habe nach Göttingen deutsch-nationale Ideen mitgebracht, wenn sie auch sein Preußentum nicht unterdrückt hatten. Dann fährt er fort: „Ich kam nach Berlin mit weniger liberaler Gesinnung zurück, als ich es verlassen hatte, eine Reaktion, die sich wieder abschwächte, nachdem ich mit dem staatlichen Räderwerk in unmittelbare Beziehung getreten war. Was ich etwa über auswärtige Beziehungen dachte – – war, im Sinne der Freiheitskriege, vom preußischen Offizierstandpunkt gesehen." Mehr können wir über seine politische Entwickelung auch kaum sagen, wir können nur die Richtigkeit dieser Darstellung durch vereinzelte briefliche Äußerungen bestätigen. Unmittelbar vor seinem Eintritt in das Landleben äußert er sich in seinem schon erwähnten Brief an Karoline Gräfin Bohlen (cf. S. 29.) rückhaltlos oppositionell. In Pommern und Schönhausen erfolgt der große Umschwung, in dem er dann durch die Erfahrung der Revolutionsjahre noch bestärkt wird. Der liberal[6] gesinnte Aristokrat wird zum preußischen Junker.

In Pommern trat Bismarck in einen Kreis, der offenbar seinem Wesen von Geburt an in manchen Beziehungen entsprach. In erster Linie mußte er auch politisch auf ihn wirken. Es war Adelsland, in dem sich der junge Aristokrat hier bewegte, kein Wunder, daß sich ihm die adeligen Grundanschauungen einprägten, wurzelten sie doch in den Verhältnissen, in denen er selbst jetzt lebte. Man kann diese Anschauungen kurz als ständisch bezeichnen, und damit stellten sich diese Kreise in Gegensatz zu den konstitutionellen Bestrebungen, die weite Kreise der Bürgerschaft und des Beamtentums beherrschten. Ihr Streben ging auf eine Erhaltung ihrer jahrhundertealten, ständischen Privilegien. Wie kleine Könige hatten sie auf ihren Gütern gesessen, Polizei und Gerichtsbarkeit geübt und die Bauern in strengster Abhängigkeit erhalten, so patriarchalisch auch oft genug das Verhältnis aufgefaßt worden war. Das alles sollte nun anders werden.

---

[6] Die Ausdrücke „liberal" und „Junker" dürfen hier allerdings nicht falsch verstanden werden. Bismarck war sicher nie liberal im damaligen Parteisinn. Er näherte sich dieser Anschauung auf nationalem Gebiete und war oppositionell gesinnt gegen den bürokratischen Absolutismus, ohne doch im eigentlichen Sinne konstitutionell zu sein. „Junker" in der Art, wie der Liberalismus der Zeit das Wort auffaßte, ist er nie gewesen.

Die Aufhebung der bäuerlichen Erbuntertänigkeit durch Stein hatte in diese Vorrechte Bresche geschlagen. Jetzt kämpfte der moderne Staat gegen die Patrimonialgerichtsbarkeit.

Dabei war sich der Adel mit Recht bewußt, Großes für den preußischen Staat und sein Königtum geleistet zu haben, war sich ebenso mit Recht bewußt, durch die Aufhebung der Erbuntertänigkeit wirtschaftlich geschädigt worden zu sein – war es da ein Wunder, daß er sich gegen weitere Einschränkungen sträubte? Dazu empfand man gerade in diesen Kreisen die Einmischung der Bürokratie mit ihren Erlassen vom grünen Tische aus häufig genug mit Recht als störend – war es da ein Wunder, daß man sich ihrem Vordringen in die eigenen Kreise widersetzte? Das Bewußtsein der eigenen Individualität, des eigenen Wertes mußte schon allein diese Herren in eine solche Opposition drängen, und Individualitäten waren sie, diese von Bülow-Cummerow, Thadden, Puttkamer, Blankenburg, – Bismarck.

Dabei sträubten sie sich durchaus nicht gegen Reformen. Bülow-Cummerow ist einer der fruchtbarsten Publizisten jener Tage und strebt nach Besserungen auf allen politischen Gebieten.

Ist es da ein Wunder, daß Otto von Bismarck in ähnliche Bahnen gedrängt wurde? Bismarck hat während seines langen Lebens immer zu den Menschen gehört, die das, was sie für ihr persönliches Recht hielten, leidenschaftlich verteidigt haben. Er hat dabei nie die Pflichten gegen die Allgemeinheit oder richtiger gegen den Kreis, in den er sich hineingestellt fühlte, vergessen, und deshalb konnte er so Unendliches für unser Volk wirken. Sein Ich identifizierte sich mit dem Adel, mit dem Königtum, mit dem deutschen Volke – und das deutsche Volk hat dies gefühlt, als es dem Machtlosen im Sachsenwalde jene nie endenwollenden Ehrungen bereitete, wie sie einem Sterblichen so freiwillig wohl noch nie, so lange die Erde steht, dargebracht wurden.

So finden wir denn Bismarck bald an der Seite Bülows für die Patrimonialgerichtsbarkeit streiten, und es ist bezeichnend, daß er später in Schönhausen sich dem Präsidenten Ludwig von Gerlach anschließt, der die Rechte der Patrimonialherren noch schärfer verteidigte. Selbst über diesen ging er dann in seinen Forderungen noch hinaus. Der Kämpfer meldet sich.

Und als Kämpfer zeigt er sich auch in den kleinen Zusammenstößen mit der Bürokratie. Wie entzückend bezeichnend ist folgende kleine Geschichte: „Während ich den beurlaubten Landrat vertrat, erhielt ich von der Regierung den Auftrag, den Patron von Külz, der ich selbst war, zur Übernahme gewisser Lasten zu bewegen. Ich ließ den Auftrag liegen, um ihn dem Landrate bei seiner Rückkehr zu übergeben, wurde wiederholt erzitiert, und eine Ordnungsstrafe von einem Taler wurde mir durch Postvorschuß auferlegt. Ich setzte nun ein Protokoll auf, in welchem ich erstens als stellvertretender Landrat, zweitens als Patron von Külz als erschienen aufgeführt war. Komparent machte in seiner Eigenschaft *ad 1* sich die vorgeschriebene Vorhaltung; entwickelte dagegen in der *ad 2* die Gründe, aus denen er die Zumutung ablehnen müsse, worauf das Protokoll von ihm doppelt genehmigt und unterschrieben wurde. Die Regierung verstand Scherz und ließ mir die Ordnungsstrafe zurückzahlen."

Wahrscheinlich in diese Zeit[7] fällt auch ein Gutachten Bismarcks, das sich gegen das Enteignungsrecht des Staates zu gemeinnützigen Zwecken richtet. Bezeichnend ist schon die Tatsache, daß sich der Junker gegen eine Forderung auflehnt, deren Berechtigung uns heute selbstverständlich erscheint, noch bezeichnender aber ist die Form, die Bismarck seinem Widerspruch gab: „Sie können es mir gar nicht in Geld bezahlen, wenn sie den Park meines Vaters in einen Karpfenteich, oder das Grab meiner seligen Tante in einen Aalsumpf verwandeln." Doch ist es leider an dieser Stelle nicht möglich, auf nähere Einzelheiten einzugehen.

Wenn wir zusammenfassen, wird aber eines klar: für die übliche Beamtenlaufbahn war ein Bismarck nicht geschaffen. Wer es fertig bekam, die Bürokratie so zu verhöhnen, konnte selbst in ihr keine

---

[7] Über dieses Gutachten berichtet Hesekiel ohne nähere Zeitangabe. Liman, „Bismarck-Denkwürdigkeiten" S. 32, verlegt seine Entstehung in die Referendarzeit Bismarcks in Potsdam 1838, Marcks vermutet, daß es in die Zeit seines Aufenthaltes in Pommern füllt. Letzteres scheint mir wahrscheinlicher.

Stelle finden. In diesem Sinne konnte sich Otto von Bismarck damals als „liberal" bezeichnen. Gleichzeitig aber wird klar, daß sich dieser Mann damals mit Leidenschaft in politische Fragen stürzte, die ihn in das Staatsgetriebe wieder hineinstoßen mußten, von dem er sich sonst abgestoßen fühlte.

Und noch eins muß dabei betont werden. Mit seiner ständischen Gesinnung stand Bismarck allerdings im Gegensatz gegen den Zeitgeist und gegen das Beamtentum – aber nicht gegen König Friedrich Wilhelm IV. Friedrich Wilhelm, der 1840 den preußischen Königsthron bestieg, ist vielleicht der geistreichste Hohenzoller. Er hat sowohl den nationalen, wie den konstitutionellen Bestrebungen der Zeit ein innerliches, persönliches Verständnis entgegengebracht; aber er verband dies mit romantischen Ideen eines Königtums von Gottes Gnaden. So wollte er dem Volke eine Konstitution gewähren, aber eine solche nach seinen Ideen, und diese knüpften an mittelalterlich-ständische Gedanken an.

So standen sich diese so verschiedenen Naturen in manchen Anschauungen gar nicht fern, und es ist kein Wunder, daß ihre Wege schließlich zusammenführten.

„Außerdem muß man innerlich fromm sein!" Dies angebliche Wort des jungen Bismarck verblüfft fast noch mehr als der Zusammenhang, in dem es gesagt ist (cf. S. 31).

Die Epoche der Befreiungskriege hatte dem deutschen Geiste neuen religiösen Schwung verliehen. Nur inniges Gottvertrauen hatte die Zeit der Not überstehen und den furchtbaren Kampf aufnehmen und durchführen können. Doch gerade in Bismarcks Familie spüren wir wenig von diesem neu erwachten Glauben, und weder Vater noch Mutter haben in dieser Beziehung tiefer auf den Sohn eingewirkt. Auch Schleiermachers Einfluß, der Otto von Bismarck eingesegnet hat, scheint nicht tiefgehend gewesen zu sein, jedenfalls hat er nicht den wirklich religiösen Kern aus den Lehren des großen Predigers aufgenommen. „Nach einem unregelmäßig besuchten und unverstandenen Religionsunterricht hatte ich bei meiner Einsegnung durch Schleiermacher, an meinem 16. Geburtstage keinen anderen Glauben als einen nackten Deismus, der nicht lange ohne pantheistische Beimischungen blieb." So schildert Bismarck zutreffend seinen Seelenzustand in dem bekannten Werbebrief. Er glaubte an einen Gott, aber es war ein kühles, verstandesmäßiges Verhältnis, hat er doch ungefähr zu gleicher Zeit aus reiflicher Überlegung das abendliche Kindergebet aufgegeben. Es ist der Standpunkt, den auch heute der selbständig denkende Jüngling nur zu leicht einnimmt: ein logisches Entweder – Oder auf einem Gebiet, das durch Logik nicht gewonnen werden kann. Das Jugendliche Lebensgefühl glaubt einer Stütze außer sich entbehren zu können.

An Bismarck traten dann aber früh innere Erschütterungen heran. Seine leidenschaftlichen Liebeserfahrungen in Aachen, Krankheit und Tod der Mutter, die unglückliche Liebe zu Ottilie von Puttkamer, die Unbefriedigung in der Beamtenlaufbahn, bald auch als Landwirt, das alles rüttelte und schüttelte an ihm. Tiefer Pessimismus ergriff ihn, Byron wird sein Lieblingsdichter – und „so treibe ich einstweilen willenlos auf dem Strome des Lebens ohne anderes Steuer als die Neigung des Augenblicks, und es ist mir ziemlich gleichgültig, wo er mich ans Land wirft."

Das sind Worte eines abgrundtiefen Pessimismus; aber man spürt Sehnsucht durch sie hindurch. Das stürmische Temperament verlangt nach Betätigung, der ihm gebotene Kreis beengt ihn. So greift Bismarck zu zwei Hilfsmitteln. Er wird „der tolle Bismarck". Viel Porter und Sekt wird bei ihm getrunken, mit Pistolenschüssen werden träge Gäste nach durchstürmter Nacht aus den Betten geschreckt, wilde Ritte auf dem getreuen Kaleb ermüden den Körper. Doch das sind nur wie Ludwig[8] sagt, „Explosionen eines Temperamentes, das komprimiert und ohne Aufgaben sich ermüden will."

An diese Zeit hat sich die Legendenbildung des Volkes geheftet und noch heute wird von manchen Schauergeschichten gemunkelt. Sicher mit Unrecht. Bismarck wollte vergessen, aber er konnte sich nicht ver-

---

[8] „Bismarck. Ein psychologischer Versuch" von Emil Ludwig. Berlin. S. Fischer 1912. S. 16.

36

lieren. Auch „der tolle Bismarck" blieb in jedem Augenblick der wirkliche Aristokrat.[9]

Aber nicht einmal zeitweise konnte das Genie auf diesem Wege wirklich vergessen. Die Tat findet er nicht, die Liebe entzieht sich ihm, die Betäubung betäubt ihn nicht, so wendet er sich von den Menschen zu den Büchern. Hauptsächlich aus diesen wilden Jahren stammen wohl seine erstaunlichen historischen Kenntnisse, durch die er später seine Gegner so häufig überrascht hat, stammen sicher seine landwirtschaftlichen Studien und ebenso sicher sein umfassendes Wissen der zeitgenössischen Literatur und besonders der englischen Dichter. In späteren Zeiten hat er nur noch selten die Muße zu eingehender Lektüre gefunden – wohl auch kaum nach ihr gesucht, als er selbst ein Schaffender war. Aber auch diese Lektüre brachte ihm keine Befreiung. „Immer blieb mein Streben nach Erkenntnis in den Zirkel des Verstandes gebannt und führte mich unter Lesung von Strauß, Feuerbach, Bruno Bauer nur tiefer in die Sackgasse des Zweifels." Die Skepsis dieser Junghegelianer konnte Bismarck keine feste Weltanschauung geben, sie führte ihn nur tiefer in seine eigene Skepsis hinein, in eine Glaubenslosigkeit, die ihn doch nicht befriedigte, weil ihr sein Gefühl widerstrebte, das in ihm „doch noch eine gewisse Scheu vor dem blauen Dunstgebilde von Gott, was er sich gemacht hat",[10] erhalten hatte. Er rang um das religiöse Problem, ohne verstandesmäßig zur Klarheit kommen zu können. In seinem Werbebrief an Herrn von Puttkamer faßt er selbst seinen Zustand damals folgendermaßen zusammen: „Es stellte sich bei mir fest, daß Gott dem Menschen die Möglichkeit der Erkenntnis versagt habe, daß es Anmaßung sei, wenn man den Willen und die Pläne des Herrn der Welt zu kennen behaupte, daß der Mensch in Ergebenheit erwarten müsse,

---

[9] Wie sehr er sich dessen bewußt war, selbst in Äußerlichkeiten, zeigt Marcks S. 187. „Mit ernsterem Stolze konnte er seinem Vater, in einer wichtigen Aussprache mit einer Dame, die Frage in den Mund legen, ob jene wirklich *selber* je etwas Schlechtes, Unedles an ihm erkannt habe.

Scherzend bekannte er zu anderer Stunde, nur einmal habe er die gute Sitte tatsätlich verletzt, als er in beschaulicher Bewunderung seiner neuen Stulpstiefel auf einer Gartenbank hingelagert, sich selbst durch die Nähe von Damen nicht habe emporreißen lassen."

[10] Brief von Marie von Thadden vom 7. 2. 1843. cf. Marcks S. 244.

wie sein Schöpfer im Tode über ihn bestimmen werde, und daß uns auf Erden der Wille Gottes nicht anders kund werde, als durch das Gewissen, welches er uns als Füllhorn durch das Dunkel der Welt mitgegeben habe." Und er setzt sofort hinzu: „Daß ich bei diesem Glauben nicht Frieden fand, brauche ich nicht zu sagen; ich habe manche Stunde trostloser Niedergeschlagenheit mit dem Gedanken zugebracht, daß mein und anderer Menschen Dasein zwecklos und unersprießlich sei, vielleicht nur ein beiläufiger Ausfluß der Schöpfung, der entsteht und vergeht, wie Staub vom Rollen der Räder." Das ist der gleiche Bismarck, der, noch nicht 30jährig, mitten zwischen Ausstellungen von gleichgültigen Ausgaben in sein Notizbuch schreiben konnte: „Das Leben ein Schattenspiel: ein schlechter Komödiant, der nur eine Stunde auf die Bretter springt und dann vergessen bleibt, oder der eine schon gehörte Mär vor einem Narren erzählt, voll Wut mit großen Worten und doch nichts bedeutend —."

Diese Gedanken und Stimmungen sind Bismarck sicherlich auch vor Pommern nicht fremd gewesen, hier aber erst in der Einsamkeit, in der unbefriedigenden Tatenlosigkeit wurden sie herrschend. Hier wird dieser Kraftmensch Melancholiker, der sich mit selbstzerstörerischer Wollust in die Abgründe Byrons vertieft, hier erst kann „der tolle Junker", „zuweilen Enten jagend, aus beschilftem Weiher im Boot liegen, Hamlet lesend, zur Rechten die Büchse, die entkorkte Champagnerflasche zur Linken."

So ward Bismarck damals

> „Der Flüchtling, – der Unbehauste,
> Der Unmensch ohne Rast und Ruh.
> Der wie ein Wassersturz von Fels zu Felsen brauste,
> Begierig wütend nach dem Abgrund zu."

So ward Bismarck der tolle Junker, der im Genuß Betäubung suchte, und der Pessimist, der über Welt und Gott grübelte, der Menschensucher und der Einsame – eine problematische Natur.[11] Aber all das entsprang

---

[11] Bemerkt mag hier werden, daß auch sein Stil dieser Zeit alles verdankt. Die Vorliebe für Bilder aus dem Land- und Jagdleben geht selbstverständlich auf diese Zeit zurück. Die Schärfe

bei ihm der Unbefriedigung des Menschen, dem die Liebe fehlte, und der des Mannes, dem die Tat fehlte. Nur mit ihrer Hilfe konnte er die Zwecklosigkeit des Daseins überwinden. Von dieser Seite sollte die Rettung kommen.

In Pommern kam Bismarck in einen Kreis, in dem die religiöse Erregung der Befreiungskriege nachwirkte. Die Umgebung des Herren von Thadden ist hierfür bezeichnend. Thadden, der mit dem Neuen Testament und dem „Faust" im Tornister in die Befreiungskriege gezogen war, und seinen Gesinnungsgenossen genügte die Staatskirche nicht. Sie strebten nach einer Vertiefung des Glaubens, nach einem persönlichen Erleben der Gottheit und waren von einem solchen persönlichen Zusammenhang innigst überzeugt. Man pflegt diese Gläubigen als Pietisten zu bezeichnen, muß sich aber dabei hüten, mit diesem Begriff eine ans Lächerliche streifende Weltfremdheit zu verbinden. Diese Menschen waren gewiß durch die Romantik hindurchgegangen und von ihr beeinflußt, zugleich aber hatten sie sich doch genug Weltfreudigkeit und Klarheit bewahrt, um einen Realisten wie Bismarck nicht abzustoßen.

Bei Thadden fand Bismarck auch zum ersten Male ein ideales Familienleben, dessen innerer, gottseliger Frieden den Zerrissenen unwiderstehlich anziehen mußte. Frei von geistigem Hochmut, aber nicht frei von Bekehrungseifer, erkannten sie die Bedeutung des jungen Standesgenossen und den tiefen Grund seines sehnsuchtvollen Unfriedens. Bismarck hat es seinem Freunde von Blanckenburg, dem Schwiegersohne Thaddens, nicht leicht gemacht, einen Erfolg bei seinen Bekehrungsversuchen zu erringen. Max von Blanckenburg fand zwei Helferinnen: die eine hieß Marie von Thadden, Blanckenburgs Braut, die andere Johanna von Puttkamer.

Natürlich kann hier die Entwickelung nicht in jeder Einzelheit verfolgt werden. Sicher ist, daß Marie von Thadden, ein frisches, fröhli-

---

der Beobachtung jeder Einzelheit zeigt gleichfalls den Jäger, den Naturforscher, als den sich Bismarck gern betrachtete. Dazu tritt aber in dieser Zeit die Vertiefung des Spottes, die den Pessimisten zeigt, die sich später z. T. zu befreiendem Humor abklärt.

ches Wesen, die Bismarck als den „Phönix von Hinterpommern" erkannte, ihn unwiderstehlich anzog. Wäre sie nicht Blanckenburgs Braut und bald seine Gattin gewesen, so hätte aus der Seelenfreundschaft mit Bismarck wohl eine leidenschaftliche Liebe hervorbrechen können, so aber war sie ihm, dem Aristokraten, „heilig". Gerade so konnte sie auf ihn wirken, frei von jeder persönlichen Rücksicht. Ihr früher Tod am 10. November 1846 brach dann das Eis. Als er die Nachricht von ihrer schweren Erkrankung erhielt, rang sich das erste brünstige Gebet aus seiner Seele los. Dann sah er sie in der Blüte ihrer Jahre in ruhigem Vertrauen sterben und sah, daß ihre Angehörigen diesen Tod in der seligen Zuversicht eines Wiedersehens hinnahmen, „als eine Vorausreise der ein fröhliches Wiedersehen über kurz oder lang folgen muß".

Und was die Not der Seele, die zum erstenmal eine Seele verliert, unwillkürlich und ungewollt hervorgetrieben hatte, das Gebet, obwohl es nicht erhört worden war, ging es nicht wieder verloren, der Zweifler war ein Gläubiger geworden.

Daß sich „dem großen Otto" diese Fähigkeit erhielt, war sicherlich das Verdienst jener zweiten Frau, die durch Blanckenburgs seit einiger Zeit in seinen Lebenskreis getreten war, das Verdienst Johannas von Puttkamer.

Auch Johanna entstammte einer pietistischen Umgebung; ihre Eltern waren noch strenger als der Kreis, der in Triglaff seinen Mittelpunkt hatte. Auch sie aber hatte sich geistige Frische und Regsamkeit erhalten und konnte durch die Einheitlichkeit und Einfachheit ihres Wesens auf den Problematiker wirken. Sie hat das nicht in dem Sinne getan, als ob sie ihn zu bekehren versucht hätte. Aber er empfand die Einheitlichkeit ihres Wesens als einen Ausfluß ihrer Gläubigkeit, und als auf einer Harzreise gemeinschaftlich mit Blanckenburgs und anderen die Liebe in ihnen erblühte, da wußte er, daß dieses Mädchen nur durch Glauben zu gewinnen sei. Das hielt ihn fest ohne Schwanken, ohne Heuchelei. Aus tiefster Empfindung heraus ward der Glaube in ihm geboren, er ward ihm „der leuchtende Punkt, der seinem Dasein bisher gefehlt".

40

Wir werden hier auf Johanna von Puttkamer, seit dem 28. Juli 1847 Johanna von Bismarck, nicht näher zurückkommen können, und doch kann die Bedeutung dieser Frau für diesen Mann kaum hoch genug eingeschätzt werden. Sie ist während eines fast 50jährigen Ehelebens in ihrem Manne und ihrer Familie aufgegangen und tritt hinter dem Werk des Riesen, das immer gigantischere Formen annimmt, bescheiden zurück. Und doch ist dieses Genie ohne sie kaum zu denken. Sie bedeutete für ihn im höchsten Sinne „den ruhenden Pol in den Erscheinungen Flucht" – und seiner bedurfte er, wie der Hungrige des Brotes, wie der Frierende der Wärme, wie der Christ Gottes.

Obwohl demnach sicher Bismarcks Glaube aus pietistischen Anregungen erwuchs, ist er nie Pietist gewesen. So sprach er sich energisch gegen die Selbstabschließung der pietistischen Kreise in einem Briefe an die Braut aus, die ihm in Reinfeld gesagt hatte, „ohne seinen Übertritt zum Glauben, würde sie ihn korbbeladen haben abziehen lassen". Ebenso lehnte er jenes still duldende Christentum ab, das sich in jedes Schicksal als gottgewollt ergibt, ohne auch nur den Kampf zu versuchen. Als z. B. Johanna erkrankt war, „forderte er sehr ernst, daß man allerdings Gott walten lasse, aber indem man die Heilmittel ausnütze, die er doch gegeben habe".

Und wie hier der Mann der Tat ein männlich-tätiges Christentum wünschte, so sträubte sich der Verstandesmensch in ihm gegen jede Dogmatisierung. Über manche spitzfindige Fragen hat er damals nachgedacht: ob Christus wirklicher Gottessohn oder nur göttlicher Mensch; – wie die Lehre von der Dreieinigkeit zu verstehen sei; – über die Lehre vom Sündenfall, über Widersprüche in der Bibel, Uneinigkeit der Konfessionen usw. usw. Zu einem festen Ergebnis scheint er hier nie gekommen zu sein. Als sein Werk ihn in Anspruch nahm, traten diese Fragen völlig zurück. Der Kern eines männlich-protestantischen Gottesglaubens ist ihm immer geblieben.

Und zu ihm hat er sich immer wieder bekannt, ja seinen Gottesglauben hat er mit vollem Bewußtsein als einen notwendigen Teil seines Wesens empfunden. Überall in seinen Briefen, in Reden und mündlichen Äußerungen kehrt das offene Bekenntnis zu seinem Gotte wieder. So schreibt er am 3. Juli 1851 von Frankfurt aus an seine Gattin: „Ich begreife nicht, wie ein Mensch, der über sich nachdenkt und doch von Gott nichts weiß oder wissen will, sein Leben vor Verachtung und Langeweile tragen kann. Ich weiß nicht, wie ich das früher ausgehalten habe; sollte ich jetzt leben wie damals, ohne Gott, ohne Dich, ohne Kinder – ich wüßte doch in der Tat nicht, warum ich dies Leben nicht ablegen sollte wie ein schmutziges Hemde." Ähnliche Äußerungen übermittelt uns Busch in seinen „Tagebuchblättern". Hier ein Beispiel für viele. Am 28. September 1870 äußerte der Kanzler zu seiner Umgebung: „Wie man ohne Glauben an eine geoffenbarte Religion, an Gott, der das Gute will, an einen höheren Richter und ein zukünftiges Leben zusammenleben kann in geordneter Weise – das Seine tun und jedem das Seine lassen, begreife ich nicht." Wie er hier das ganze staatliche Leben mit seinem Gottesglauben in Zusammenhang bringt, so stellt er häufig persönlich seinen Royalismus, das, was er für seinen König und sein Vaterland getan hat, in ein Abhängigkeitsverhältnis von seinem Glauben:[12] „Wenn ich nicht mehr Christ wäre, diente ich dem Könige keine Stunde mehr. Wenn ich nicht auf meinen Gott rechnete, so gäbe ich gewiß nichts auf irdische Herren." Oder: „Der entschlossene Glaube an ein Leben nach dem Tode – deshalb bin ich Royalist, sonst wäre ich von Natur Republikaner. – – Nehmen Sie mir diesen Glauben, und Sie nehmen mir das Vaterland. – – Hätte ich die wundervolle Basis der Religion nicht, so wäre ich dem ganzen Hofe schon längst mit dem Sitzzeug ins Gesicht gesprungen."

Der gleiche Mann aber, der immer so überzeugt für seinen ehrlichen, undogmatischen Glauben eingetreten ist, auf dessen Nachttischchen 1870/71 stets „Die täglichen Losungen und Lehrtexte der Brüdergemeine für 1870" und „Die tägliche Erquickung für gläubige Christen" lagen, ist auf der anderen Seite nicht frei von Aberglauben, und in Zeiten trü-

---

[12] Ludwig S. 47 hält gewiß mit Recht den Royalismus Bismarcks für das Primäre, den Glauben für das Sekundäre. Es ist aber bezeichnend, daß Bismarck später den Glauben als die *condtitio sine qua non* empfunden hat.

ber Stimmung mehren sich bei ihm, je älter er wird, wieder pessimi-
stisch-fatalistische Gedanken.

> „Ich bin kein ausgeklügelt Buch,
> Ich bin ein Mensch mit seinem Widerspruch."

In einem Briefe an Busch hat er allerdings seinen Aberglauben abgeleugnet und diesbezügliche Bemerkungen als Scherze hingestellt. Aber
schon in seinen Briefen an die Braut hat er sich zu ihm bekannt, ja ihn
ausdrücklich gegen ihre Angriffe verteidigt. Außerdem sind aber eine
solche Fülle von hierhin zielenden Bemerkungen überliefert, daß an der
Tatsache des Aberglaubens nicht gezweifelt werden kann. Das aber ist
allerdings richtig: er hat sich nie von seinem Aberglauben beherrschen
lassen; das war dem Manne der Tat unmöglich.

Viel überraschender ist es bei diesem Manne des Glaubens und der
Tat, dem das Glück in so wunderbarer Weise während seines langen
Lebens treu geblieben ist, immer wieder auf Äußerungen eines tiefgrün-
digen Pessimismus und Fatalismus zu stoßen. Schon 1855 schreibt er an
seinen Bruder: „Das Leben ist wie ein geschicktes Zahnausziehen; man
denkt, das Eigentliche soll erst kommen, bis man mit Verwunderung
sieht, daß es schon vorbei ist." Damals ist dieser Mann 40-jährig, hat
soeben seine Laufbahn begonnen, lebt in den glücklichsten Familien-
verhältnissen, ist also nach den üblichen Begriffen ein glücklicher
Mensch. 1859 schreibt er von Petersburg aus an seine Frau, unzufrieden
mit der damaligen Politik: „Wie Gott will! Es ist hier alles doch nur eine
Zeitfrage, Völker und Menschen, Torheit und Weisheit, Krieg und Frieden, sie kommen und gehen wie Wasserwogen, und das Meer bleibt."
Und im Jahre 1887 äußert er zu Busch in Varzin: „Was Sie da von meinem Werke sagen, so sieht es groß aus, ist aber doch nur ein irdisches,
vergängliches. Was ist zuletzt groß? Deutschland ist groß, die Erde ist
größer, und doch wie klein im Sonnensystem und nun gar in der urani-
schen Welt. Und wie lange wird es dauern?" Das sagt Bismarck, der
Gläubige, der Gigant, auf dessen Stirnrunzeln eine Welt blickt.

Jugendbildnis Bismarcks

Wahrscheinlich aus dem Jahre 1836

Verkleinerter Abdruck aus: Lenz-Marcks, „Das Bismarckjahr"

Das sind Widersprüche, die sich nicht durch momentane Stimmungen erklären lassen, obwohl Bismarck zweifellos – ein feinnerviger Stimmungsmensch war, das erklärt sich nur aus der inneren Struktur seines künstlerischen Wesens. Er hat selber diesen inneren Widerspruch einmal in einem Briefe an die Braut in ein wundervolles Bild gekleidet, in dem er sich selbst spiegelt, ohne es zu wollen: „Das irdisch Imponierende und Ergreifende – – steht immer in Verwandtschaft mit dem gefallenen Engel, der schön ist, aber ohne Frieden, groß in seinen Plänen und Anstrengungen, aber ohne Gelingen, *stolz und traurig.*" Wir armen Sterblichen sehen nur das heroische Wollen, Tun und Gelingen, der Heros selbst sieht sich *„stolz und – traurig.*"

Wer Bismarcks seelische Entwickelung allein schildern wollte, könnte eigentlich mit seiner Verlobung abschließen. Die Fundamente seines Wesens sind in diesem Augenblicke vollendet. Die Gestalt erfährt nur noch ein Wachsen in die Höhe und Breite, nicht mehr in die Tiefe. Er wächst „in die Sturmschicht" seines Werkes empor und weitet sich zu immer gigantischeren Maßen, aber die Grundformen bleiben unverändert.

IV.
„Konstitution unvermeidlich, auf diesem Wege zu äußeren Ehren."

Am 3. Februar 1847 erließ Friedrich Wilhelm IV. das Patent, durch das der Vereinigte Landtag für den April nach Berlin berufen wurde. Am 11. April trat dieses erste große Parlament Preußens zusammen.

Es war eine schicksalsschwangere Stunde, als damals die Männer aus allen preußischen Gauen zusammentraten. Preußen hätte damals ohne Bruch, ohne gewaltsame Erschütterungen in die Bahnen eines konstitutionellen Staates einlenken können, hätte dadurch in Deutschland „moralische Eroberungen" machen können, und, was das Wichtigste, die Monarchie hätte auf das engste mit dem Volke verwachsen können. Es sollte nicht sein.

Der Landtag betrachtete in seiner großen Mehrheit diese Berufung auf Grund des königlichen Versprechens von 1815 und des Staatsschuldengesetzes von 1820 als die endliche Erfüllung einer Verpflichtung, der König sah in ihr eine Gnade. So gewährte er denn auch nur Rechte, die seinem Ermessen entsprachen, der Landtag dagegen forderte die Grundrechte jedes Parlaments: Regelmäßige Wiederberufung und Budgetrecht. Beide Gegner fanden keinen Weg zur Verständigung. So ward der Landtag zu politischer Unfruchtbarkeit verdammt. Seine lebhaften und interessanten Verhandlungen blieben ohne politische Folgen, und das Jahr 1848 riß dann Preußen gewaltsam in neue Bahnen.

Als Bismarck nach Schönhausen übersiedelte, hatte er auf seinen Sitz im Landtage Pommerns verzichtet. In Sachsen hatte er durch sein Eintreten für die Patrimonialgerichtsbarkeit sofort neue ständische Beziehungen angeknüpft, war hier auch im Sommer 1846 von den Magdeburger Ständen zum ersten Stellvertreter gewählt worden. Seine Hoffnung aber, sofort in den Vereinigten Landtag zu kommen, ging nicht in Erfüllung. Der Oberpräsident von Bonin, auf dessen Rücktritt man rechnete, tat ihm diesen Gefallen nicht. Nicht ohne Bedauern tröstete er sich: „Das Land und der König verlieren ohne Zweifel dabei einen der ausgezeichnetsten Vertreter und eine Stütze des Thrones im Reichstage, aber unsere Liebe gewinnt." Da eröffnete ihm ein Zufall den ersehnten Weg. Der Abgeordnete von Brauchitsch erkrankte, und er ward sein Vertreter. „Sein eifriger Wunsch, Mitglied des Landtages zu sein" ging, wenn auch verspätet, in Erfüllung (12. Mai erste Sitzung; 15. Mai erste Rede; 17. Mai erste größere Rede (cf. S. 16); 1. Juni Hauptrede über das Verhältnis zwischen Krone und Landtag; 7. Juni Erklärung über die Bahnanleihe, desgl. 8. Juni; 15. Juni Rede gegen die Emanzipation der Juden; 18. bis 25. Juni beteiligt er sich mehrfach an der anschließenden Debatte).

Es ist hier natürlich nicht möglich, auf alle Einzelheiten einzugehen. Es ist das auch nicht nötig, da die Verhandlungen unfruchtbar blieben. Das Interessante für uns liegt nur darin, wie Bismarck sich hier zeigte, wie das politische Leben auf ihn wirkte, und welchen Eindruck er hervorrief.

46

Zunächst tritt sofort eines hervor. Otto von Bismarck stürzt sich mit voller Leidenschaftlichkeit in den politischen Kampf. „Die Sache ergreift mich viel mehr, als ich dachte." Was dieser Mann aber mit Leidenschaft ergreift, das kann er auch. In kurzem gehört er zu den Führern. Als er im Juni einige Sitzungen versäumen muß, „blicken seine Freunde bei manchen Unverschämtheiten der anderen Seite erwartungsvoll um, ob nicht von seinem Platze ein Kämpfer der Wahrheit erstehen würde". Während aber bisher sein Eifer nur zu leicht erlahmte, hier ist davon nie die Rede. Der ewige Wechsel, vor allem aber die Notwendigkeit dauernden Kampfes ließen Bismarck nicht aus ihrem Bann. In der Politik, nach der er immer gestrebt hatte, ohne sie doch auf dem Umweg über die Bürokratie erreichen zu können, fand er sein Lebenswerk, da er frei von beengender Schablone sich in ihr betätigen konnte. „Konstitution unvermeidlich, auf diesem Wege zu äußeren Ehren."

Dabei fehlt aber auch jetzt schon nicht der Ekel über das Parteigezänk. Wie er als Minister mit unsäglicher Verachtung von den Verhandlungen in der Kammer spricht – die Briefe an seine Frau und an John Motley[13] sind ja allgemein bekannt – so klingen verwandte Töne auch schon in diesen Wochen an. So schreibt er am 14. Mai 1847 an seine Braut: „Die heutige Sitzung war recht langweilig, unendliches Schwatzen, Wiederholen, Breittreten, Zeittotschlagen. Es ist merkwürdig, wieviel Dreistigkeit im Auftreten die Redner im Verhältnis zu ihren Fähigkeiten zeigen, und mit welcher schamlosen Selbstgefälligkeit sie ihre nichtssagenden Redensarten einer so großen Versammlung anzudrängen wagen." Und als er im Anschluß an seine Rede über 1813 (17. Mai) sich zu einer nochmaligen Erklärung genötigt sieht, von den Gegnern aber mit stürmischem Lärm auf der Rednerbühne begrüßt wird, wendet er der Versammlung den Rücken, zieht die Spe-

---

[13] Berlin 7. 2. 62 (Bismarckbriefe von Horst Kohl. S. 362): „Am Kammertisch, mit einem Redner, der mir Sottisen sagt, auf der Tribüne vor mir, zwischen einer abgegebenen und einer abzugebenden Erklärung, gebe ich dir Nachricht von meinem Wohlbefinden." Berlin, 17. 4. 63 (ebenda S. 366): „Ich bin genötigt ungewöhnlich abgeschmackte Reden aus dem Munde ungewöhnlich kindischer und aufgeregter Politiker anzuhören und habe dadurch einen Augenblick unfreiwilliger Muße."

nersche Zeitung aus der Tasche und vertieft sich in ihre Lektüre, bis der Sturm sich gelegt hat. Das ist Bismarck, 32-jährig, der eigentlich zum ersten Male im Parlament spricht. Das ist der gleiche Bismarck, der später als Minister von Pfuirufen unterbrochen, seinem Gegner mit beißender Ironie zuruft: „Pfui ist ein Ausdruck des Ekels und der Verachtung. Meine Herren, glauben Sie nicht, daß mir solche Gefühle fern liegen. Ich bin nur zu höflich, sie auszusprechen."

So sind die Wirkungen, die diese Art des Kampfes auf den jungen Bismarck ausgeübt hat, die gleichen wie in all den späteren Jahren, und auch die Umwelt reagierte in gleicher Weise auf sein Auftreten wie später. Seine Anhänger begeisterten sich an seinem schneidigen Draufgehen, an seiner Klarheit, Sicherheit und Schärfe, seine Gegner fürchteten und haßten ihn. Uns allen ist der große Diplomat und Minister im Gedächtnis als die riesige, ritterliche Figur im Kürassierkoller mit dem Stahlhelm auf dem mächtigen Haupte. Das ist kein Zufall. Diese Tracht entsprach seinem Wesen, es liegt Stil darin. Auch im Zivilanzug hat er 1847 schon ähnlich gewirkt: „Mit mittelalterlicher Ritterlichkeit", so sagt ein Bericht jener Zeit, „tritt er auf, die Hand am Schwert und den Fuß im Bügel. Dieser Herr von Bismarck-Schönhausen sieht aus, als könne er alle Tage einige Demokraten gebraten zum Frühstück vertilgen. Aus dieser Stirn mit seltsamen Buckeln und Falten, diesem starren Auge und dieser ganzen Gesichtsbildung könnte ein Maler wohl das Modell eines modernen Kreuzritters oder eines Helden aus der Vendée schöpfen." Das schreibt kein Freund, sondern ein Feind, der widerwillig, fast absichtslos seiner Achtung Ausdruck gibt. Heute ist unserm Empfinden für das Wesen Bismarcks der Hamburger Roland das treffendste Symbol.

Das Erstaunlichste aber ist, daß auch die politischen Anschauungen Bismarcks damals in ihren Grundlinien feststehen. Er hat es später mehrfach ausgesprochen und sich als Verdienst angerechnet, daß er nie doktrinär an einer Meinung festgehalten, sondern immer gelernt habe. Das ist absolut richtig, und das hat ihm die Fähigkeit und Möglichkeit gegeben, im geeigneten Augenblick einen völlig neuen Kurs einzuschlagen. Es gilt dies aber eigentlich nur für Einzelfragen, die allgemeinen Grundlagen stehen schon 1847 fest. Das kann in diesem engen Rahmen nicht im Einzelnen ausgeführt werden. Ich muß mich mit der Zusammenfassung begnügen, die Marcks von dem politischen Bilde Bismarcks 1847 gibt, die Übereinstimmungen treten schlagend hervor: „Ein Parteimann sprach in ihm, den meisten ein Ärgernis, verblüffend oder verletzend, den Seinen ein Trost; ein Parteigänger des ländlichen Adels und nun auch des positiven Christentums, sehr ständisch, aber zugleich sehr monarchisch. Ein Mann gleichzeitig – und das ist das Erstaunlichere – *der Regierung, mit dem Blick für das Ganze, mit der realistischen Weltansicht des handelnden Staatsmannes, mit dem Sinn für staatliche Macht, mit hartem preußischen Staatsgefühl, mit unwillkürlichem deutschen Stolze.* Der große auswärtige Staatsmann kündigte sich in ihm an, obwohl er an den Debatten zur auswärtigen Politik noch keinen Anteil nahm: aber die Eigenschaften waren da. Sie wurzelten in altpreußischem Boden, und das Leben auf diesem Boden hatte sie im letzten Jahrzehnt wohl in ihm herauswachsen lassen – er teilte sie, so wie sie in ihm waren und wurden, trotzdem mit ganz wenigen: nur der Genius eben entwickelte sie empor in die Sturmschicht kommender geschichtlicher Taten. Gelegentlich redete er noch die Sprache seiner Zeit, in der Art seines Bekenntnisses zum christlichen Staate; auch da nicht völlig; und meistens redete er schon ganz seine eigene: knapp, überraschend greifbar die Schilderung, wenn er vom Wucher auf dem Lande sprach, knapp und scharf, dabei farbig und originell der Ausdruck, knapp Aufbau und Fassung der Rede, die er sorgsam vorbereitete und der dann doch erst der Augenblick die Form gab – eine Form ohne rednerische Ansprüche, ganz ohne Deklamation, ganz nur diesem Augenblicke zugekehrt und doch schon hie und da voll herber Größe. Das Auffallendste war den Zeitgenossen die Wucht der Polemik und die Wucht der Bekennerschaft, beides gefährlich, für die Gegner, mit denen er anband, aber auch für seinen Ruf."

Daß auf diesen Mann die Regierung und das Königliche Haus ihre Aufmerksamkeit lenkten, ist selbstverständlich. Zu einer engeren Verbindung ist es damals noch nicht gekommen.

Die Auflösung des Vereinigten Landtages gab Otto von Bismarck sich selbst zurück, wenn auch nicht alle politische Tätigkeit aufhörte. Besonders beteiligte er sich an der Gründung einer konservativen Partei, indem er die Kreuzzeitung schaffen half.[14]

Am 28. Juli 1847 heiratete er Johanna von Puttkamer und gründete damit jene ideale Ehe, die ihm fast 50 Jahre hindurch Befriedigung, Ruhe und Glück bieten sollte. Am 11. August trat das junge Paar die Hochzeitsreise an, die es nach Tirol und Italien führte. Der Rückweg ging durch die Schweiz an den deutschen Rhein. Über Köln und Hannover kehrten die Glücklichen nach Schönhausen zurück. Wie nahe der Sturm war, der das alte Preußen vernichten sollte, ahnte auch Bismarck nicht. Da setzte die Pariser Februar-Revolution die Welt in Aufregung. Die Märztage in Berlin folgten. Das alte Preußen ward hinweggefegt, eine neue Zeit zog herauf.

Die Ereignisse des Revolutionsjahres im Einzelnen darzustellen, gehört nicht in diesen Zusammenhang. Es ist nur zu bekannt, wie in den Märztagen die Regierung Friedrich Wilhelms IV. vor der Revolution ohne Not zurückwich. Gleichzeitig stellte sich der König in den Dienst der nationalen Frage. Am 2. April trat der „Vereinigte Landtag" zum zweiten Male zusammen und genehmigte ein Wahlgesetz, auf Grund dessen eine preußische Nationalversammlung am 22. Mai ihre Sitzungen eröffnete. Es ist bekannt, daß auch sie zur Unfruchtbarkeit verdammt war. Neue Unruhen in Berlin, die Aufstandsbewegungen der Polen, endlich das immer schärfere Hervortreten der radikalen Elemente in der Nationalversammlung, machten schließlich dem Könige ein weiteres Zusammengehen mit der Revolution unmöglich. Am 2. November 1848 übernahm Graf Brandenburg das Präsidium des Ministeriums, am 9. wurde die Nationalversammlung vertagt, am 27. in Brandenburg a. H. von neuem eröffnet, am 5. Dezember endlich auf Grund einer Königlichen Botschaft aufgelöst. Am gleichen Tage wurde regierungsseitig die Verfassung verkündigt, die 1850 endgültig Gesetz wurde.

---

[14] „Neue Preußische Zeitung" 1. Juli 1848.

Daß Bismarck in diesen Zeiten in gewissem Sinne vom politischen Schauplatz zurücktrat, ist bei seiner Parteistellung nur zu natürlich. Auf die ersten Nachrichten von den Ereignissen des 18. und 19. März eilte er sofort nach Potsdam und Berlin, um, wenn möglich, zu helfen. Da er nicht zum Könige vordringen konnte, machte er Versuche, den General von Prittwitz, den Prinzen von Preußen, schließlich Prinz Friedrich Karl zum Handeln zu bewegen. Alles war vergeblich. Endlich wandte er sich brieflich an den König. Eine Antwort erhielt er nicht. Erst später versicherte Friedrich Wilhelm ihm, „er habe den auf schlechtem Papier schlecht geschriebenen Brief als das erste Zeichen von Sympathie, das er damals erhalten, sorgfältig aufbewahrt." Auch weitere Versuche, dem Könige die Handlungsfreiheit wiederzugeben, blieben vergeblich. So kehrte Bismarck „mit verwundetem Gefühl" nach Schönhausen zurück.

An der Session des zweiten Vereinigten Landtages nahm der eifrige Royalist teil, und hier lehnte er allein mit Thadden-Triglaff die Adresse ab, die dem Könige den Dank für die liberalen Zugeständnisse aussprechen sollte. „Was mich aber veranlaßt, gegen die Adresse zu stimmen, sind die Äußerungen, von Freude und Dank für das, was in den letzten Tagen geschehn ist. Die Vergangenheit ist begraben, und ich bedaure es schmerzlicher als viele von Ihnen, daß keine menschliche Macht imstande ist, sie wieder zu erwecken, nachdem die Krone selbst die Erde auf ihren Sarg geworfen hat." Der Royalist war aus Royalismus zum Frondeur geworden. Die Macht Preußens, der preußischen Krone, auf der sich sein ganzes politisches Denken aufbaute, sah er bedroht, kein Wunder, daß sich sein ganzes Wesen dagegen aufbäumte. Sein Denken und Fühlen galt hinfort nur der Wiederherstellung dieser Macht.

In jener Rede vom 2. April 1848 fuhr er fort: „Aber wenn ich dies, durch die Gewalt der Umstände gezwungen, akzeptiere, so kann ich doch nicht aus meiner Wirksamkeit auf dem Vereinigten Landtage mit der Lüge scheiden, daß ich für das danken und mich freuen soll über das, was ich mindestens für einen irrtümlichen Weg halten muß. Wenn es wirklich gelingt, auf dem neuen Wege, der jetzt eingeschlagen ist, ein einiges deutsches Vaterland, einen glücklichen oder auch nur gesetzmäßig geordneten Zustand zu erlangen, dann wird der Augenblick gekommen sein, wo ich dem Urheber der neuen Ordnung der Dinge meinen Dank aussprechen kann, jetzt aber ist es mir nicht möglich."

Hier scheiden sich die Wege Bismarcks und seiner Zeitgenossen. Auch er wünschte die Einigung Deutschlands, aber Preußen blieb für ihn der Mittelpunkt, von dem er ausging und ohne dessen Selbständigkeit und Macht er sich kein Deutschland denken konnte und wollte. Der Liberalismus aber träumte von einem idealen Deutschland, ihm sollte sich Preußen wie die anderen Staaten angliedern, in ihm sollte es aufgehen, ohne Rücksicht auf seine historisch gewordene, europäische Stellung. Die tatsächliche Sachlage war aber doch so: Preußen konnte ohne Deutschland existieren, aber nicht Deutschland ohne Preußen.

Auch der König ließ sich zum mindesten eine Zeitlang in diese unklaren nationalen Gedanken verstricken. Auch seine Unionspolitik baut sich auf ihnen auf, und so finden wir Bismarck auch im Erfurter Parlament trotz aller vorsichtigen, diplomatischen Ausdrucksweise auf der Seite der Gegner der königlichen Politik.

Die Konservativen hatten für die nationalen Ideen wenig Verständnis. Für sie existierte nur Preußen und seine Macht. Damit hielten sie aber an dem fest, was für Bismarck die Grundlage seiner Politik bildete, und so ist es kein Wunder, daß wir ihn an ihrer Seite finden. Die Kluft, die sie trennte, sollte erst in späterer Zeit sich auftun.

Und wie Bismarck hier den scharfen Blick des Realisten für die gegebenen Machtverhältnisse zeigte, die gleiche Eigenschaft zeigt sich in der Bereitwilligkeit, sich dem Geschehenen zu unterwerfen: „Die Vergangenheit ist begraben." Seine spätere Handlungsweise zeigt, wie wahr diese Überzeugung in ihm war. Der Mann, der einen jahrelangen Kampf gegen das Parlament mit beispiellosem Erfolge siegreich durchkämpfte, ward nach 1866 der eigentliche Erhalter des Konstitutionalismus. „Die Vergangenheit war für ihn begraben," und mit Toten rechnet der Realist nicht. Der König dagegen, der Romantiker, der die Konstitution geschaffen und sich ihr zeitweise mit schöner Begeisterung hingegeben hatte, hinterließ, wie wir heute wissen, seinen Nachfolgern ein Dokument, durch das sie zur Aufhebung der Konstitution aufgefordert werden. Er wollte Tote erwecken.

Bismarck konnte seine Rede am 2. April 1848 nicht beendigen. „Ich wollte mehr sagen, war aber durch innere Bewegung in die Unmöglichkeit versetzt, weiter zu sprechen, und verfiel in einen Weinkrampf, der mich zwang, die Tribüne zu verlassen.“

Es ist das mehr als augenblickliche leidenschaftliche Erregung, es ist dies in Bismarcks Leben das erste Beispiel vollständigen Zusammenbrechens, wie es nach einer Zeitspanne leidenschaftlichen Kampfes bei einem nervösen Menschen nur zu natürlich ist. Dieser Zusammenbruch kehrt bei Bismarck immer wieder. Solange der Kampf dauert, ist er gesund, ja man möchte sagen, durch ihn wird er gesund. Aber nach den furchtbaren Aufregungen von 1866 kehrt er in einem Zustände heim, daß er sich beim Einzuge in Berlin kaum auf dem Pferde halten kann, und ähnlich geht es ihm nach 1870/71.

Schweninger, des Fürsten langjähriger Arzt, soll sich in neuester Zeit dagegen ausgesprochen haben, daß man Bismarck als nervös bezeichne. Im technisch-medizinischen Sinne mag er damit recht haben, faßt man das Wort aber in einem allgemeineren Sinne, so hat er sicher unrecht. In vielen Fällen wird man freilich für Bismarcks Nervosität auch andere Ausdrücke finden können: Leidenschaftlichkeit, Melancholie, Ironie, Zorn, Haß – – aber daß sich das alles schließlich immer wieder in körperlichen Zuständen äußert, ist doch ein Beweis einer nervösen Anlage.

Schon seine Lebensweise ist die des nervösen Menschen. Früh beginnt er die Nacht zum Tage zu machen. Erst in den Morgenstunden findet er den ersehnten Schlaf, noch im Bett verfolgen ihn die Gedanken. „Es denkt in ihm,“ wie er selbst bezeichnend sagt. Das Künstlerische in seiner nervösen Natur spricht sich unbewußt aus. Fast den ganzen Tag ißt er nichts, erst gegen Abend nimmt er eine Hauptmahlzeit zu sich, kann dann aber auch unglaubliche Mengen vertilgen. Noch 1870/71 hören seine Klagen gar nicht darüber auf, daß die Portionen an der Königlichen Tafel zu knapp bemessen seien. Er selbst empfindet körperliche Betätigung als einziges Beruhigungsmittel. Seine Briefe behandeln immer wieder das Thema von dem endlosen Tintenstrom, aus dem er sich nicht retten könne. Ein Tag, an dem er nicht einige Stunden zu Pferde gesessen, dünkt ihm ein verlorener, dagegen ist er noch in höherem Alter höchst befriedigt, wenn er ein Manöver mitmachen und stundenlang im Sattel den Truppen über Stock und Stein folgen kann. Das gleiche Interesse zeigt er für die Jagd. Ob er in Schweden dem Bären gegenübersteht, oder in Rußland sich in die Freuden der Jagd in den Urwäldern vertieft, immer wieder regt sich das Gefühl echter Lebensfreude. Die Gefahr reizt ihn, sie hat ihn immer gelockt.

Denn Bismarck war nicht nur Landwirt und Jäger, sondern seiner innersten Natur nach auch Soldat. In seiner Jugend hat es ihn allerdings wenig gereizt, „die Fuchtelklinge" zu führen, später aber hat er aus Passion militärische Übungen mitgemacht, und noch in hohem Alter schreibt er an seinen König: „Auch heute, nachdem Eure Majestät mich zu den höchsten staatsmännischen Ehren erhoben hat, vermag ich das Bedauern, ähnliche Stufen nicht als Soldat erstritten zu haben, nicht ganz zu unterdrücken. Ich wäre vielleicht ein unbrauchbarer General geworden, aber nach meiner Neigung hätte ich lieber Schlachten für Eure Majestät gewonnen." 1866 bewies er, der einzige Zivilist im Kriegsrate, den richtigen militärischen Blick. Die Generale wollten durch einen verlustreichen und langwierigen Frontalangriff auf die Floridsdorfer Linien sich den Weg auf Wien öffnen, er schlägt einen Flankenmarsch vor und den Donauübergang in der Nähe von Preßburg, und dieser Gedanke wird als der militärisch richtige anerkannt. Weniger Erfolg hat er 1870/71 gehabt, aber nicht weil seine Ideen falsch waren, sondern weil die Generale eine Einmischung in ihr Ressort nicht dulden wollten. Diese soldatischen Eigenschaften Bismarcks darf man nicht unterschätzen, sie gehören nicht nur in das Bild dieses Mannes hinein, sondern sie haben zweifellos eine der Grundlagen gebildet, die den soldatischen Minister mit seinem durch und durch soldatischen König so unlöslich verbanden.

Seine Nervosität zeigt sich auch in der Behandlung der Geschäfte und im Verkehr mit seinen Beamten. Bei schwerwiegenden Verhandlungen

54

läßt er sich nie aus der Ruhe bringen, da verschwindet der Gewalttätige hinter seinem Werk. Die kleinen Ärgerlichkeiten aber des täglichen Lebens, die immer wiederkehrenden Einwürfe nahestehender Personen, können ihn rasend machen. Bekannt ist seine nervöse Art, zu sprechen. „Man sieht, wie das Wort qualvoll geboren wird, wie Arme und Hände mitschaffen, wie ein Keuchen und Stöhnen sich ihm entringt." Bekannt ist auch die Geschichte seines Rücktrittsgesuches im Jahre 1880. Im Bundesrat ist ein Beschluß in Postsachen gegen Preußen gefaßt worden. Sogleich läßt Bismarck Stephan zitieren. Statt seiner erscheint ein hoher Postbeamter, der, obwohl völlig unschuldig, vom Reichskanzler furchtbar angefahren wird. Gleich darauf erfolgt der Befehl, einen Immediatbericht an den Kaiser auszusetzen, in dem er um seine Entlassung bittet. Noch am selbigen Abend soll auch in der Norddeutschen Allgemeinen Zeitung eine Notiz über seinen Rücktritt erscheinen. In atemloser Hast wird gearbeitet. Um ½ 5 Uhr wird das Entlassungsgesuch durch einen Reiter im Galopp nach dem Neuen Palais in Potsdam befördert. Um ¼ 6 Uhr erfolgt der Befehl, daß Schriftstück solle dem Kaiser nicht vorgelegt werden. Zu spät. „Nun, dann lassen Sie's schießen!"[15]

Ein andermal im Jahre 1869 erhält er in Varzin eine ihn erregende Nachricht, ebenfalls in Postangelegenheiten. Erfolg: „Ich habe seit 36 Stunden nicht geschlafen, die ganze Nacht Galle gespien, und mein Kopf ist wie ein Glühofen trotz Umschlägen. Es ist aber auch, um den Verstand zu verlieren."

So reagiert der nervöse Choleriker, selbst in nebensächlichen Angelegenheiten. In wichtigen Fragen erhält ihn der Kampf aufrecht, ja macht ihn gesund, ist er vorüber, darin erfolgt der völlige Zusammenbruch.

Daß seine Beamten es unter diesen Umständen nicht immer leicht gehabt haben, ist selbstverständlich. Nicht nur, daß er an ihre Arbeitskraft ungeheure Anforderungen stellte, in der Erregung schoß er auch wohl über das Ziel hinaus, ward ungerecht und überscharf. Er weiß das auch selbst. „Na," entgegnete er, als Busch sich einst glücklich pries, unter ihm arbeiten zu dürfen, „'s ist nicht immer angenehm, aber das müssen

---

[15] cf. Ludwig, „Bismarck" S. 81 u. 82.

Sie dann nicht so genau nehmen." Aber der gleiche Mann, der von seinen Botschaftern verlangt, „daß sie auf Kommando einschwenken wie die Unteroffiziere, ohne zu wissen warum," steckt am 16. Juni 1871 beim Einzug der siegreichen Truppen in Berlin einen Lorbeerkranz aus seinen Pallasch und wirft ihn den Beamten des Ministeriums im Vorbeireiten zu. So verstand Bismarck zu danken.

Am 2. April 1848 hatte Bismarck seine Rede gegen die Dankadresse an den König gehalten, sie bedeutete zunächst das Ende seiner offiziellen politischen Tätigkeit. In die Nationalversammlung wurde er nicht gewählt. Nur hinter den Kulissen erlahmte seine Arbeit auch jetzt nicht. Publizistisch war er eifrig tätig, seine Partei und ihre Stellung zu verteidigen. Seine Teilnahme an der Gründung der Kreuzzeitung wurde schon erwähnt. Außerdem war er bemüht, dem König gegen die Revolution den Nacken zu stärken, und an der Ernennung des Ministeriums Brandenburg ist er beteiligt gewesen. Bismarck soll damals selbst zum ersten Male auf der Ministerliste gestanden haben. Doch der König schrieb neben seinen Namen: „Nur zu gebrauchen, wenn das Bajonett schrankenlos waltet." Das Gewalttätige in der Natur Bismarcks war damit richtig bezeichnet, die Hemmungen aber, die in ihm lagen und ihn zum Staatsmann und Diplomaten machten, waren dem Könige verborgen geblieben.

Die Auflösung der Nationalversammlung, die Verkündigung der neuen Verfassung und die sofortige Einberufung des neuen Parlaments machten ihm dann wieder den Weg zu politischer Tätigkeit frei. Am 5. Februar 1849 wurde er für den Kreis Brandenburg-Westhavelland-Zauche-Belzig in die zweite Kammer, das Haus der Abgeordneten, gewählt. Er berichtet uns selbst in einem Brief an seinen Bruder Bernhard das Programm, auf das er sich verpflichtet hatte und ehrlich halten wollte: „Ich hatte mich in den Vorversammlungen im ganzen für Anerkennung der Verfassung, Verteidigung gegen Anarchie, Gleichheit vor dem Gesetz (aber gegen Abschaffung des Adels), gleiche Verteilung der Steuern nach dem Vermögen, soweit es erreichbar, Wahl nach Interessen und gegen Abschaffung geldwerter Rechte ohne Entschädigung, gegen Verminderung des stehenden Heeres, für strenge Preß und Klubgesetze usw. usw. ausgesprochen, und danach werde ich mich in meinem Benehmen auf dem Landtage auch halten." „Die Vergangenheit war für ihn begraben." Auch aus diesem Programm spricht kein Absolutist, sondern ein Mann, der gewillt ist, die gegebenen Verhältnisse von seinem Parteistandpunkt aus anzuerkennen.

Daß er von dieser Auffassung aus keine Vorliebe für das demokratisch gefärbte Kaisertum haben konnte, das am 3. April 1849 durch eine Deputation der Frankfurter Nationalversammlung Friedrich Wilhelm IV. angeboten war, ist von vornherein selbstverständlich. Niemals hat er seinen preußischen Standpunkt so scharf hervorgehoben, wie gerade in dieser Zeit. Noch vor der endgültigen Ablehnung der Kaiserwürde durch Friedrich Wilhelm, kritisierte er am 21. April in der zweiten Kammer die deutsche Verfassung und erklärte diese Lösung der deutschen Frage für unmöglich: „Die deutsche Einheit will ein jeder; mit dieser Verfassung aber will ich sie nicht."

Aber der König hatte aus jenem Angebot vom 3. April für sich das Recht und die Pflicht abgeleitet, die deutsche Einheit zu fördern. Durch die Union, das Dreikönigsbündnis mit Sachsen und Hannover hoffte er zum Ziele zu kommen. Mit schneller Entschlossenheit hätte vielleicht ein brauchbares Ergebnis erreicht werden können. Aber Friedrich Wilhelm war kein Friedrich der Große. Was nur – die Geschichte hat es uns gelehrt – mit den Waffen zu erreichen war, wollte er durch Verhandlungen erringen. Bis zum August 1849 war Österreich durch den Aufstand Ungarns gefesselt. Aber erst im März 1850 trat das Erfurter Parlament zusammen und führte schnell die Beratung über die Unionsverfassung zu Ende. Als dann im Mai aber der Fürstenkongreß in Berlin das Werk krönen sollte, hatten die Mittelstaaten neuen Mut gefaßt. Die Revolution war z. T. mit Hilfe preußischer Truppen niedergeschlagen, Österreich, innerlich beruhigt, bot den kleinen Staaten einen neuen Rückhalt. So sagten sich Sachsen und Hannover noch vor dem Kongreß von der Union los. Mit den übrigen Staaten war keine Einigung zu erzielen, und da nun Österreich, von Rußland unterstützt, den seligen Deutschen Bund zu neuem Leben erweckte, mußte Friedrich Wilhelm nach anfänglichem

Widerstand, der zum Kriege zu führen schien, nachgeben. Der eigentliche Träger der Unionsbestrebungen, Minister von Radowitz, ward entlassen, im Olmützer Vertrag unterwarf sich Preußen allen Forderungen seines Gegners (29. November 1850). Auf den Dresdner Konferenzen ward der Deutsche Bund in alter Herrlichkeit wieder hergestellt. Preußens Macht erwies sich dieser europäischen Koalition gegenüber als zu gering, weil es den richtigen Augenblick verpaßt hatte.

Bismarck hatte sich den Unionsbestrebungen im preußischen Parlament folgerichtig entgegengestemmt, bei der schließlichen Abstimmung aber doch der Regierung seine Unterstützung nicht versagt. Auch auf dem Erfurter Parlament sprach er gegen die Unionsverfassung, die Preußen zugunsten der kleineren Staaten benachteiligte: „Wenn Sie diese Verfassung dem preußischen Geist auszwängen, so werden Sie in ihm einen Bucephalus finden, der den gewohnten Herrn und Reiter mit mutiger Freude trägt, den unberufenen Sonntagsreiter aber mitsamt seiner schwarz-rot-goldenen Zäumung auf den Sand setzt.“

So begrüßte Bismarck das Scheitern der Unionspolitik mit Freuden, mit besonderer Freude die Entlassung des Herrn von Radowitz: „Ich bin vorgestern bei Lesung Ihres Montagsblattes vor Freude auf meinem Stuhl rund um den Tisch geritten, und manche Flasche Sekt ist diesseits des Gollenberges auf die Gesundheit des Herrn von Radowitz getrunken (worden), zum ersten Male fühlt man Dank gegen ihn und wünscht ihm ohne Groll glückliche Reise. Mir selbst ist das Herz recht frei geworden, und ich fühle ganz mit Ihnen; lassen Sie jetzt Krieg werden, wo und mit wem man will, und *alle* preußischen Klingen werden hoch und freudig in der Sonne blitzen.“[16]

Bismarck war sich klar bewußt, daß die Folgen der Unionspolitik zum Kampfe führen konnten. Da nun aber Radowitz gefallen, glaubte er, daß dieser Kampf nur in preußischem Sinne gesuchten werden würde. Dazu war er freudig bereit, glaubte auch an die Macht Preußens.

---

[16] „Bismarck“ ed. Horst Kohl. S. 102 u. 103. Der Brief ist an Wagner, den Redakteur der Kreuzzeitung, von Reinfeld aus gerichtet (7. 11. 50) Radowitz hatte am 2. 11. das Ministerium des Auswärtigen niedergelegt.

Bismarck im Jahre 1850

Nach einem Oelbild von Moritz Berendt

Verkleinerter Abdruck aus: Lenz-Marcks, „Das Bismarckjahr"

In dieser Stimmung reiste er über Berlin, um der Einberufung zu seinem Regimente zu folgen. In Berlin verhandelte er mit dem Kriegsminister Stockhausen, und diese Besprechung brachte den Umschwung. Der Mann, der soeben noch „alle preußischen Klingen" kampffreudig blinken sah, wird zum Verteidiger des Olmützer Vertrages. Bismarck hatte durch Stockhausen erfahren, daß die preußische Armee damals nicht in der Lage war, den Kampf mit Aussicht auf Erfolg zu führen. In der Kammer konnte er freilich diese Tatsachen nicht berühren, ohne Preußens Stellung noch mehr zu verschlechtern. So mußte er versuchen, Wasser in den brausenden Wein der nationalen Erregung zu schütten, und so verteidigte der Gewaltsame den Tag von Olmütz, dessen Schmach die notwendige Folge eines hastigen, unüberlegten Vordrängens war, das nicht mit den wirklichen Machtverhältnissen rechnete, sondern mit Stimmungen.

V.
Der preußische Gesandte

Dem Preußen steigt noch heute in Erinnerung an Olmütz die Röte der Scham und des Zornes ins Gesicht, wie ja Wilhelm I. noch 1866 schreiben konnte: „...wenn ein Preuße jetzt mir Olmütz in die Ohren raunt, lege ich sofort die Regierung nieder." – Und doch hat der Tag von Olmütz auch seine guten Folgen gehabt. Preußen wurde zunächst einmal seinen eigenen Aufgaben wiedergegeben, und vor allen Dingen: Bismarck wurde durch ihn in die Reihe der leitenden Staatsmänner Preußens geschoben. Längst war der König auf ihn aufmerksam geworden; seine Rede, durch die er die Politik von Olmütz verteidigte, mußte ihn geradezu vorbestimmt erscheinen lassen, als preußischer Vertreter am Bundestag die Folgerungen aus dieser Politik zu ziehen.

Am 3. Dezember 1850 hatte Bismarck seine Verteidigungsrede gehalten, am 8. Mai 1851 war er zum Legationsrat bei der preußischen Gesandtschaft in Frankfurt a. M. ernannt, am 10. Mai traf er in Frankfurt ein, am 18. August war er selbst Bundestagsgesandter.

Aus zahllosen Anekdoten ist es bekannt, mit welchem Kleinkram der preußische Gesandte hier zu kämpfen hatte. Schon am 18. Mai 1851 schreibt er an seine Frau: „Es sind lauter Lappalien, mit denen die Leute sich quälen, und diese Diplomaten sind mir schon jetzt in ihrer wichtigtuenden Kleinigkeitskrämerei viel lächerlicher als der Abgeordnete der zweiten Kammer im Gefühl seiner Würde. – – Ich habe nie daran gezweifelt, daß sie alle mit Wasser kochen; aber eine solche nüchterne, einfältige Wassersuppe, in der auch nicht ein einziges Fettauge zu spüren ist, überrascht mich. Schickt den Schulzen E oder Herrn v. ?arsky aus dem Chausseehause her, wenn sie gewaschen und gekämmt sind, so will ich in der Diplomatie Staat mit ihnen machen. In der Kunst, mit vielen Worten gar nichts zu sagen, mache ich reißende Fortschritte, schreibe Berichte von vielen Bogen, die sich nett und rund wie Leitartikel lesen, und wenn Manteuffel, nachdem er sie gelesen hat, sagen kann, was drin steht, so kann er mehr wie ich. Jeder von uns stellt sich, als glaube er vom anderen, daß er voller Gedanken und Entwürfe steckt, wenn er's nur aussprechen wollte, und dabei wissen wir alle zusammen nicht um ein Haar besser, was aus Deutschland werden wird, als Dütken Sauer. Kein Mensch, selbst der böswilligste Zweifler und Demokrat glaubt er, was für Charlatanerie und Wichtigtuerei in dieser Diplomatie hier steckt." – –

Vor allem sind die persönlichen Zusammenstöße mit den österreichischen Vertretern bekannt. Diese Herren, Graf Thun, dann Prokesch, Ritter von Osten, und schließlich Graf Rechberg, hielten es für ihre Pflicht, schon im persönlichen Verkehr die Vormachtstellung Österreichs zu betonen. Damit waren sie aber bei Bismarck an den falschen Mann gekommen. Keinen Schritt wich der pommersche Junker zurück, und mit Staunen erlebten die zopfigen Perücken der Kleinstaaten, daß das eben gedemütigte Preußen sich keine weiteren Demütigungen gefallen ließ. So haben selbst die Zigarrengeschichten aus Frankfurt usw. ihre politische Bedeutung, wenn sie auch in erster Linie die energische und selbstbewußte Persönlichkeit Bismarck beleuchten.

Die eigentlich politischen Entscheidungen wurden selbstverständlich nicht in Frankfurt getroffen. Dennoch nahm der junge Diplomat an den wichtigsten Fragen Anteil.

Schon in seinem ersten Brief an Gerlach vom 22. Juni 1851 schreibt er: „Für sehr nützlich würde ich es halten, wenn man sich beizeiten mit den deutsch-materiellen Fragen befaßte. Diejenige Stelle, die darin die Initiative ergreift, sei es der Bundestag, der Zollverein oder Preußen allein, wird einen großen Vorsprung in den Sympathien der Beteiligten haben; denn die Sachen, *quae numero et pondere dicuntur* (welche zahl und wägbar sind), sind der Mehrzahl der Deutschen wichtiger als Ihnen und mir, und wenn ich auch eine Gleichheit von Maß, Gewicht, Wechselrecht und anderen derartigen Schnurrpfeifereien nicht sehr hoch anschlage, so sollte man doch den guten Willen zeigen und zu Ehren des Handwerks etwas damit klappern, das heißt mehr von preußischer als von bundestäglicher Seite."

Man fühlt es, der Edelmann in ihm sträubt sich gegen diese Fragen, die die Pfeffersäcke interessieren; aber der Staatsmann erkennt ihre Wichtigkeit in ihrer allgemeineren, nationalen Bedeutung und zieht sie in den Kreis seiner Tätigkeit.

1833 war der Zollverein gegründet worden. Er mußte, da er am 31. Dezember 1853 ablief, erneuert werden. Diese Gelegenheit benutzte Österreich, um seinerseits Verhandlungen anzuknüpfen, die zunächst darauf abzielten, einen Zollverein ohne Preußen zu gründen; später versuchte man in Wien, den Eintritt Österreichs in den Zollverein zu erzwingen. Man fühlte dort ganz genau, welch ein bedeutsames politisches Machtmittel die Zolleinigung in der Hand Preußens war und wollte sich nicht auf wirtschaftlichem Gebiet aus Deutschland herausdrängen lassen. Schließlich wurde Bismarck mit den Verhandlungen in Wien beauftragt. Er war der richtige Mann, allen Lockungen und allen Drohungen standzuhalten. Die österreichische Diplomatie suchte die Frage mit vollem Recht nach ihrer allgemeinen politischen Bedeutung zu behandeln. Bismarck lehnte das kühl ab, nur wirtschaftliche Fragen ständen zur Debatte und die wirtschaftliche Lage mache die Ausnahme Österreichs, das industriell viel weniger als das übrige Deutschland entwickelt war, zu einer Unmöglichkeit. Zum Abschluß eines Handelsvertrages war Preußen bereit, den wollte aber Österreich nicht, um damit nicht geradezu anzuerkennen, daß es kein deutsches Land sei. So führte er den Abbruch der Verhandlungen herbei, ohne es zum Bruch kommen zu lassen. Die Kleinstaaten, die sich bisher aus Mißtrauen gegen Preußen gesperrt hatten, fügten sich nun eiligst, als Österreich notgedrungen den offenen Widerspruch gegen die Erneuerung des Zollvereins ausgab. Im März 1853 wurde sie durch eine Konferenz in Berlin für den 1. Januar 1854 beschlossen. Die „deutsch-materiellen Fragen" hatten sich als ein festes Band erwiesen. Preußen hatte hier durch Bismarcks Festigkeit seine Überlegenheit über Österreich bewiesen.

> „Schwefelhölzer, Fenchel, Bricken,
> Kühe, Käse, Krapp, Papier,
> Schinken, Scheren, Stiefel, Wirken,
> Wolle, Seife, Garn und Bier,
> Pfefferkuchen, Langen, Trichter,
> Nüsse, Tabak, Gläser, Flachs,
> Leder, Salz, Schmalz, Puppen, Lichter
> Rettig, Rips, Raps, Schnaps, Lachs, Wachs
> Und ihr andern deutschen Sachen,
> Tausend Dank sei euch gebracht!
> Was kein Geist je konnte machen,
> Ei, das habet ihr gemacht:
> Denn ihr habt ein Band gewunden
> Um das deutsche Vaterland,
> Und die Herzen hat verbunden
> Mehr, als unser Bund, dies Band!"
> (Hoffmann von Fallersleben, „Unpolitische Lieder", Teil 1).

Noch wichtiger war Bismarcks Tätigkeit in einer zweiten Frage. Im Osten und Westen Deutschlands hatten die letzten Jahre verhängnisvolle Änderungen gebracht. Am 2. Dezember 1852 hatte Napoleon III. den

Thron Frankreichs als Kaiser bestiegen. Die Eitelkeit der französischen Nation nötigte ihn, um seine Stellung zu sichern, vom ersten Tage an zu einer Politik, die Verwickelungen herbeiführen mußte.

Im Osten hatte Zar Nikolaus I. eine übermächtige Stellung gewonnen. Sein Reich war allein von der Revolution unberührt geblieben. 1849 hatte er Österreich geholfen, den Aufstand in Ungarn niederzuwerfen und so die Dynastie Habsburg hier gerettet. 1850 hatte sich Preußen in Olmütz seinen Drohungen gebeugt. Während so im Westen der Vertreter der Revolution das Nationalitätsprinzip auf seine Fahne schrieb, spielte Rußland in Europa den Schiedsrichter im Sinne der Legitimität.

Kein Wunder, daß Nikolaus die Zeit für gekommen hielt, die alten russischen Wünsche auf Konstantinopel zu verwirklichen. Da fielen ihm die Westmächte, Frankreich und England als Verbündete der Türkei, in den Arm. Der Krimkrieg 1854-1856 führte zur Demütigung des Moskowiterreichs.

Die europäische Wetterecke, der Balkan, schien schon damals einen allgemeinen europäischen Krieg herbeiführen zu sollen. Es war Bismarcks Verdienst, daß dieser verhindert wurde.

Für Österreich standen damals, wie bei jedem Balkankampf, Lebensinteressen auf dem Spiel. Trotz der eben genossenen russischen Hilfe wäre man gern auf die Seite der Westmächte getreten. Man wagte es aber nicht, solange Preußen sich von der Koalition gegen Rußland fern hielt. In Berlin kämpften die verschiedensten Tendenzen gegeneinander. Die Liberalen sahen in Rußland den Vertreter des Absolutismus und „dachten" deshalb durchaus „westmächtlich". Merkwürdigerweise stellte sich der Prinz von Preußen auf diese Seite. In ihm brannte die Schmach von Olmütz, auf der anderen Seite hoffte er, Rußland durch eine preußische Drohung zu seinem Glücke vom Kriege zurückhalten zu können. So einten sich hier merkwürdige Widersprüche. Die Konservativen „dachten russisch". Sie wollten den alten Bundesgenossen von 1813 schützen und hofften bei dieser Gelegenheit, den neuen Bonaparte in seine Schranken zurückweisen zu können. Die Regierung schwankte haltlos hin und her.

In diesem Hexenkessel sich befehdender Meinungen behielt allein Bismarck den klaren Kopf und die kühle Ruhe. In immer wiederholten Denkschreiben und persönlichen Briefen, durch mehrfache Reisen nach Berlin gelang es ihm immer wieder, die Regierung von gefährlichen Experimenten zurückzuhalten und bei einer verständigen Neutralität festzuhalten.

Wie er 1876 bei der bosnischen Krise in seiner markanten Weise erklärte, „Bosnien sei nicht die Knochen eines pommerschen Grenadiers wert", so betonte er auch hier zunächst, daß die Vorgänge auf dem Balkan für Preußen kein unmittelbares Interesse hätten. Dann aber folgerte er – und die Folgezeit hat ihm immer wieder recht gegeben: Rußland und Frankreich haben in der Hauptsache gemeinsame Interessen. Stellt sich Preußen auf die Seite der Gegner Rußlands, so wird sich dieses keinen Augenblick besinnen, seine Balkanpläne zur Seite zu schieben und seine Lanzen gegen die weithin offene preußische Grenze zu richten. Möglicherweise wird es sogar mit Frankreich nicht nur Frieden, sondern eine Allianz schließen. Das bedeute aber den Krieg gegen zwei Fronten, ohne einen einzigen sicheren Bundesgenossen, weder auf Österreich, noch aus England sei zu rechnen, von den deutschen Kleinstaaten, die dem ersten Angriff Frankreichs hilflos ausgesetzt seien, gar nicht zu reden.

Aus der Übereinstimmung der russisch-französischen Interessen folgte außerdem für Bismarck mit Sicherheit eine spätere Annäherung beider Mächte. Auf eine solche müsse man gefaßt sein, und dann müsse Preußen der dritte im Bunde sein, damit nicht etwa Österreich sich eindränge. Dieser Gedanke, den Bismarck immer wiederholte, und den er zum Leitmotiv seiner Politik machte, trennte ihn allerdings von seiner Partei, die jede Verbindung mit der Revolution verabscheute, trennte ihn auch vom Hof und vom König. Bismarck hat im Januar 1881 geäußert: „Ich habe (aber), seit ich Minister bin, nie einer Partei angehört." Er hätte dies auch schon auf diese Zeit ausdehnen können, um so mehr, da er in diesen Jahren auch den Konstitutionalismus zu verteidigen anfing. Bezeichnenderweise aber tat er dies nicht aus Prinzip, sondern weil eine starke Regierung das Parlament zu einer Stütze ihrer Bestrebungen benutzen könne, und weil die preußische Verfassung geeignet sei, dem Staate Sympathien in Deutschland zu verschaffen.

Für uns heute ist es fast erstaunlich, daß der oben skizzierte politische Gedankengang überhaupt auf Schwierigkeiten stoßen konnte. Wir sind eben durch Bismarcks Schule gegangen. Wie man sich aber damals in der Zeit politischer Prinzipienreiterei zu dieser logischen Entwickelung stellte, zeigt am besten das Beispiel des Mannes, dem es beschieden sein sollte, unter Bismarcks Leitung Preußen zu glänzender Höhe emporzuführen. Prinz Wilhelm berief am 4. März 1854 den Gesandten zu sich, um ihn zu veranlassen, seinen königlichen Bruder in westmächtlichem Sinne zu beeinflussen. Bismarck suchte ihn pflichtgemäß zu seiner Überzeugung hinüberzuziehen. Vergeblich. Es kam zu einem ziemlich heftigen Auftritt, und unmittelbar nach der Unterredung bezeichnete der Prinz in einem erregten Billet an Manteuffel die Anschauungen Bismarcks als „Gymnasiastenpolitik".

Trotz dieser Widerstände gelang es aber, den König bei der Neutralitätspolitik festzuhalten. Damit aber gelang es zum ersten Male, Mitteleuropa den Frieden zu sichern, während der Osten und Westen in Fehde lagen. Damit glückte es gleichzeitig, die Mittelstaaten näher an Preußen heranzuziehen. Österreich hätte am liebsten ganz Deutschland in einen Krieg verwickelt, an dem das Reich nicht das geringste Interesse hatte. Es zeigte sich, eine wie enge Gemeinschaft zwischen Preußen und dem Reich bestand, wie gefährlich aber die Bindung an Österreich werden konnte. Die Königin Viktoria von England hat in dieser Zeit den König immer wieder in westmächtlichem Sinne zu beeinflussen gesucht und gedroht, Preußen werde durch seine Neutralität seine europäische Stellung verlieren. Das Gegenteil trat ein: Österreich sah sich zum ersten Male sehr gegen seinen Willen genötigt, in Preußens Fahrwasser zu bleiben. Marquis Moustier, der französische Gesandte in Berlin, versuchte Bismarck durch Drohungen zu imponieren: *„La politique que vous faites, va vous conduire à Jéna."* (Ihre Politik führt nach Jena!) Die kühle Antwort des jungen Bundestagsgesandten lautete: *„Porquoi pas à*

Leipsic ou à Rosbach?" (Warum nicht nach Leipzig oder Roßbach?) Die Erinnerung an die Neutralitätspolitik von 1795–1806 war falsch; sie entsprang damals dem Gefühl der Schwäche, Bismarcks Neutralitätspolitik aber beruhte auf dem Bewußtsein der innerlich fest gegründeten preußischen Macht.

Das Jahr 1857 brachte die schwere Erkrankung Friedrich Wilhelms IV. Wilhelm I. übernahm zunächst die Stellvertretung seines Bruders. Die konservative Kamarilla, Gerlach und Genossen, wünschten den Zustand möglichst in der Schwebe zu erhalten. Sie fürchteten, bei der dauernden Übernahme der Regierung durch Wilhelm ihren Einfluß zu verlieren. Auch Bismarck konnte fürchten, seinen Abschied nehmen zu müssen. Dennoch warf er sich den Bestrebungen der Kamarilla energisch entgegen. Das Staatsinteresse stand ihm höher, als der persönliche Nutzen und die Wünsche der Partei. Solange die Möglichkeit vorlag, daß der König seinem Bruder die Regentschaft in irgendeiner Form über kurz oder lang entzog, waren diesem die Hände gebunden. Dadurch mußte aber die Macht der Krone gelähmt werden. Am 26. Oktober 1858 übernahm Wilhelm I. die Regentschaft „bis zur Genesung des Königs". Am 6. November wurde Manteuffel entlassen. Ihm folgte der Fürst von Hohenzollern mit dem Ministerium „der Neuen Ära".

Bismarcks Aufenthalt am Bundestage fand damit ein Ende. Seine Stellungnahme in der Orientkrise, die ja in scharfem Widerspruch zur Meinung des Regenten stand, konnte seine weitere Verwendung an dieser Stelle auch kaum wünschenswert erscheinen lassen. Nach jener scharfen Auseinandersetzung waren allerdings die Beziehungen zwischen beiden Männern bald wieder aufgenommen worden, aber eine wirkliche Übereinstimmung war nicht erzielt worden. Dennoch wollte Wilhelm den königstreuen und genialen Diener nicht entbehren, und so schickte er ihn an die Stelle, wo ihn sein Verhalten im Krimkrieg zur persona grata gemacht hatte, er wurde, wie Bismarck später noch mit leiser Bitterkeit gesagt hat, „an der Newa kalt gestellt".

Über seinen Aufenthalt in Petersburg sind wir eigentlich nur durch seine Privatbriefe unterrichtet. Seine amtlichen Berichte sind noch nicht veröffentlicht. Kenner versichern, daß sie Meisterwerke der diplomatischen Berichterstattung seien. Wie weit er die hohe Politik in den nächsten Jahren beeinflußt hat, läßt sich demnach im Einzelnen nicht beurteilen. Daß er mit dem Kurs der Regierung durchaus nicht immer einverstanden war, zeigen seine Privatbriefe. Besonders während des Krieges in Italien (1859) riet er wieder zu vorsichtiger Zurückhaltung, während Konservative und Liberale, ebenso wie der ritterliche Regent, um Österreich zu unterstützen, den Kampf gegen den dritten Napoleon wollten. Die Furcht Österreichs, daß Preußen durch einen solchen Krieg die Vorhand in Deutschland gewinnen würde, führte zu dem überstürzten Frieden von Zürich (10. November 1859) und verhinderte so zum Glück ein Eingreifen Preußens. Ein siegreicher Krieg hätte Österreich in Italien eine Stellung gegeben, wie es sie nie besessen, dadurch aber auch seine Macht in Deutschland gehoben. So wurde es im Süden geschwächt, doch blieb die Wunde offen, da es Venetien noch in seiner Herrschaft hielt. Gleichzeitig zeigte sein Verhalten, mit welcher Eifersucht es sich jedem Schritt Preußens in Deutschland entgegenstemmte.

Diese Vorgänge beobachtete Bismarck mit größter Unruhe, die manchmal, da ihm die Möglichkeit energischen Eingreifens fehlte, in verbitterte Resignation umschlug. So schreibt er im Mai an den Minister von Schleinitz, um zu begründen, daß Österreich nicht unterstützt werden dürfe: „Aus den acht Jahren meiner Frankfurter Amtsführung habe ich als Ergebnis meiner Erfahrung die Überzeugung mitgenommen, daß die dermaligen Bundeseinrichtungen für Preußen eine drückende, in kritischen Zeiten eine lebensgefährliche Fessel bilden, ohne uns dieselben Äquivalente zu gewähren, welche Österreich bei einem ungleich größeren Maße eigener freier Bewegung aus ihnen zieht. – – Das Wort ‚deutsch‘ für ‚preußisch‘ möchte ich gern erst dann auf unsere Fahne geschrieben sehen, wenn wir enger und zweckmäßiger mit unseren übrigen Landsleuten verbunden wären als bisher; es verliert von seinem Zauber, wenn man es schon jetzt, in Anwendung auf den bundestäglichen Nexus, abnützt. – – Ich sehe in unserm Bundesverhältnis ein Gebrechen Preußens, welches wir früher oder später *ferro et igni* (mit

Feuer und Schwert) werden heilen müssen." Kurz vorher hatte er an seinen Bruder in seiner köstlich derben Form geschrieben, „er sei in großer Sorge, daß wir uns schließlich mit dem nachgemachten 1813er von Österreich besoffen machen lassen und Torheiten begehen."

Als dann Österreich die ersten Niederlagen erlitten und Preußen eine teilweise Mobilisierung angeordnet hatte, schrieb er am 29. Juni resigniert an seine Schwester: „Die österreichischen Soldaten tun mir ehrlich leid mit ihrem Unglück; aber für das Kabinett wird die Lektion kaum stark genug sein, um es zu einer ehrlicheren Politik gegen uns zu vermögen als bisher. Mit der Mobilmachung haben wir uns eine harte Last aufgebunden, da wir zum Kriege doch wohl sobald nicht kommen werden, vielleicht gar nicht; wir metzeln die 40 Millionen wieder und sind um eine Erfahrung reicher." Und als der Krieg gegen Frankreich dann unvermeidlich schien, schrieb er in bitterem Fatalismus am 2. Juli 1859 an seine Frau: „Wie Gott will! Es ist hier alles doch nur eine Zeitfrage, Völker und Menschen, Torheit und Weisheit, Krieg und Frieden, sie kommen und gehen wie Wasserwogen, und das Meer bleibt. Es ist ja nichts auf dieser Erde als Heuchelei und Gaukelei, und ob nun das Fieber oder die Kartätsche die Maske von Fleisch abreißt, fallen muß sie doch über kurz oder lang, und dann wird zwischen einem Preußen und einem Österreicher, wenn sie gleich groß sind, doch eine Ähnlichkeit eintreten, die das Unterscheiden schwierig macht; auch die Dummen und die Klugen sehn, reinlich skelettiert, ziemlich einer wie der andere aus; den spezifischen Patriotismus wird man allerdings mit dieser Betrachtung los; aber es wäre auch jetzt zum Verzweifeln, wenn wir auf den mit unsrer Seligkeit angewiesen wären." Der Mensch der Tat, dem der Einfluß genommen ist.

Daß diese Anschauungen dem großen Staatsmann damals keine Freunde schaffen konnten, ist nach dem früher Gesagten nur zu verständlich. Selbst die Konservativen sahen in ihm den verlorenen Sohn des Vaterlandes, der rettungslos den Lockungen Rußlands und Frankreichs verfallen war. Bismarck hat das besonders schmerzlich empfunden, als er 1859/60 krankheitshalber in Deutschland weilte. Schon in seinen ersten Briefen aus Rußland klingt diese Empfindung wider, der Nervöse war nur zu empfänglich für solche Bitternisse. Zugleich aber zeigen diese Briefe, daß der preußische Junker durchaus deutsch-national gesinnt war. Das Ziel war für ihn das Gleiche wie bei den Liberalen, die deutsche Gesinnung gepachtet zu haben glaubten, nur die Wege waren andere. Deshalb mögen zwei Briefstellen vom 5. Juni und 22. August 1860 hier Platz finden: „Gerade im nationalen Aufschwung hoffte ich Abwehr und Kraft zu finden; wenn ich einem Teufel verschrieben bin, so ist es ein teutonischer und kein gallischer." „Ich sollte russisch-französischen Zumutungen wegen einer Abtretung der Rheinlande gegen Arrondierung im Innern offen unterstützt haben, ein zweiter Borries[17] sein und dergl. Ich zahle demjenigen 1000 Friedrichsdor bar, der mir nachweisen kann, daß derartige russisch-französische Anerbietungen jemals von irgendjemand zu meiner Kenntnis gebracht seien. Ich habe in der ganzen Zeit meines deutschen Aufenthaltes niemals etwas anderes geraten, als uns auf die eigne und die im Fall eines Krieges von uns aufzubietende nationale Kraft Deutschlands zu verlassen. Dieses einfältige Federvieh der deutschen Presse merkt gar nicht, daß es gegen das bessere Teil seiner eigenen Bestrebungen arbeitet, wenn es mich angreift." Noch sechs Jahre sollte es dauern, daß nicht nur „das einfältige Federvieh der deutschen Presse", sondern der größte Teil des deutschen Volkes nicht ahnte, daß es im Kampfe gegen Bismarck „gegen das bessere Teil seiner eigenen Bestrebungen arbeitete."

In der Nacht vom 1. zum 2. Januar 1861 starb Friedrich Wilhelm IV., und sein Bruder, der bisherige Prinzregent, übernahm im Alter von 63 Jahren als König die Regierung in Preußen; und erst jetzt gewann Wilhelm I. völlige Handlungsfreiheit. Seine Regierung war in den nächsten Jahren erfüllt von dem Kampf um die Militärreorganisation, einem Streit, den wir heute in der Zeit der Wehrsteuer kaum noch begreifen.

Die Reorganisation hatte Wilhelm schon als Regent durch die Berufung Roons als Kriegsminister vorbereitet. Roon war zweifellos der geeignetste Mann für diesen Posten, seine radikal-konservative Richtung

---

[17] Borries, reaktionärer Minister in Hannover 1855-62.

70

konnte ihn allerdings den Liberalen nicht empfehlen und mußte ihnen ein Werk, das er verteidigte, verdächtig machen. Daß am 10. Oktober 1861 auch Herr von Schleinitz durch den Grafen Bernstorff ersetzt wurde, mußte noch mehr den Gedanken nahelegen, daß der Liberalismus aus der Regierung ausgeschieden werden sollte, daß man also in reaktionäre Bahnen einlenken wolle.

Die Einzelheiten der Reorganisation hier auseinanderzusetzen, ist natürlich nicht möglich. Nur die Grundgedanken können skizziert werden. Das preußische Heer beruhte noch immer auf dem Gesetze von 1814. Danach wurden jährlich ca. 40 000 Rekruten ausgehoben, was der damaligen Bevölkerungsziffer (10 Millionen) ungefähr entsprach. Inzwischen war diese aber auf 18 Millionen gestiegen, die Folge war, daß jährlich ca. 30 000 junge, kriegstüchtige Männer zurückgestellt werden mußten. Im Mobilmachungsfall mußte infolgedessen sofort die Reserve und Landwehr ersten Ausgebots herangezogen werden. Die verhängnisvollen Konsequenzen lehrt ein Beispiel: „Bei der Mobilmachung von 1859 waren in einer Landwehrkompagnie von 250 Mann 242 verheiratet gewesen." Es sollten nun künftig 63 000 Mann jährlich ausgehoben werden, diese hatten drei Jahre in der Linie, vier in der Reserve und fünf Jahre in der Landwehr zu dienen. Damit erreichte man, daß bei Mobilmachungen die Landwehr zunächst gar nicht herangezogen zu werden brauchte, daß also durchschnittlich nur Männer bis zu ca. 27 Jahren von ihr betroffen wurden. Die jährlichen Mehrkosten wurden auf 28 ½ Millionen Mark geschätzt.

Die Gerechtigkeit dieser Maßregeln, ja ihr im Grunde durchaus demokratischer Charakter, leuchtet sofort jedem ein, und ist auch damals kaum abgeleugnet worden. Die Streitpunkte traten eigentlich nur in Nebenfragen hervor. Einmal fürchtete man, daß die Steuerkraft des armen Landes zu stark belastet werden würde. Da der Landtag aber 1861, wenn auch unter gewissen Vorbehalten, die Kosten einmalig bewilligte, so bewies er selbst, daß die Finanzfrage für ihn nicht entscheidend war. Tatsächlich drehte es sich auch nur um eine Prinzipienfrage: Parlamentsherrschaft oder königliche Macht. Durch die für längere Zeit gedachte Festsetzung des Kontingents und der Kosten sollte, so fürchtete man, und so war es auch z. T. zweifellos gedacht, dem Parlament ein Einfluß auf das Heeresbudget und damit auf das Heer entzogen werden. In ähnlichem Sinne sollte die dreijährige Dienstzeit wirken, die das Heer noch fester als bisher zusammenschweißen mußte; tatsächlich, wenn auch nicht gesetzlich, war seit 1831 die zweijährige Dienstzeit eingeführt. In der gleichen Richtung mußte auch die halbe Ausscheidung der Landwehr politisch wirksam werden, die zugleich der Liebling des Liberalismus war, der ihre Wirksamkeit 1813–1815 zweifellos überschätzte.

Darüber also muß man sich, um die Erbitterung des Kampfes zu begreifen, klar sein, daß es sich nicht um militärisch-technische Fragen handelte. Es wurde um politische Prinzipien auf beiden Seiten gekämpft. Bismarck hat das auch in seiner Schilderung der entscheidenden Unterredung mit Wilhelm I. zu Babelsberg ausgesprochen: „Es gelang mir, ihn zu überzeugen, daß es sich für ihn nicht um Konservativ oder Liberal in dieser oder jener Schattierung (von militärisch-technischen Fragen ist naturgemäß aber doch auch bezeichnenderweise gar nicht die Rede), sondern um Königliches Regiment oder Parlamentsherrschaft handle." Beide Parteien verbissen und verbitterten sich allmählich gegenseitig derartig, daß ein Ausweg bald nicht mehr denkbar schien, besonders da auch andere Fragen hinzutraten, die immer wieder den Gegensatz zwischen Regierung und Parlament aufdeckten: die Frage der Huldigung oder Krönung, das Verhältnis zu dem neuerstandenen Königreich Italien, die polnische Frage usw. usw. Der neue Landtag am 14. Januar 1862 erzwang eine Ministerkrisis. Die liberalen Minister wurden beseitigt, an ihre Stelle trat eine ausgesprochen konservative Regierung unter dem Fürsten Hohenlohe-Ingelsingen. Der Landtag wurde aufgelöst, der sofort neu berufene aber strich aus dem Budget die Kosten der Neuorganisation. Was nun? Sollte die Krone die eben errichteten Regimenter wieder auflösen? Sie hätte damit Preußen unsterblich vor Europa blamiert, und rettungslos wäre die starke königliche Macht vernichtet worden. Der ausgesprochenste Parlamentarismus mit all seinen unerfreulichen Begleiterscheinungen wäre die Folge gewesen – auch wenn Wilhelm I., wie er plante, der Herrschaft zugunsten seines Sohnes entsagt hätte. Vielleicht hätte das Parlament dem liberal gesinnten Kronprinzen die Reorganisation bewilligt, sicher aber nur auf Kosten einer Zurückdrängung der königlichen Macht. Eine Niederlage der Krone hätte der Rücktritt Wilhelms sowieso bedeutet.

Daß Bismarck diese Vorgänge mit größter Aufmerksamkeit verfolgte, ist selbstverständlich. Ebenso klar und notwendig ist seine Stellung zu ihnen. Die militärisch-technischen Fragen berührten ihn an sich wenig, nachdem aber einmal die Krone sich für sie eingesetzt hatte, war für ihn ein Zurück eine Unmöglichkeit. Die Aufrechterhaltung der königlichen Macht in Preußen bildete ja für ihn das Zentrum seines politischen Denkens. Daß unter solchen Umständen sein Name immer wieder auf der Ministerliste auftauchte, war eine Notwendigkeit. Sein Freund Roon – der einzige, den er in späterem Leben erworben – sorgte dafür, daß er nicht in Vergessenheit geriet. Bismarck fühlte auch, daß er der Mann war, in diesen Sturmzeiten das Staatsschiff zu lenken; aber so sehr er bereit war, an des Königs Seite zu stehen und in der inneren Politik ihn zu stützen, mit der äußeren Politik war er wenig einverstanden. In Preußen selbst lenkte man notgedrungen von den Bahnen einer liberalen Politik ab, in Deutschland dagegen liebäugelte man mit dieser Partei; denn die Hoffnung, Deutschland unter Preußens Banner zu einigen, hatte Wilhelm I. durchaus nicht aufgegeben. In Europa wieder war man stramm legitimistisch: das neue Italien wollte man nicht anerkennen, vor Napoleon III. schauerte man zurück. Unter dem Ministerium Bernstorfs milderten sich diese Gegensätze allerdings, immerhin blieben noch genug Streitpunkte bestehen. Auch Wilhelm I. war sich dieser Widersprüche zu Bismarck wohlbewußt, er dachte wohl an ihn als Minister, aber er wollte ihn nur in dem inneren Konflikt verwenden. Das aber war für Bismarck, der die Behandlung der inneren Politik immer nur unter dem Gesichtswinkel der deutschen und der äußeren Politik gesehen hat, eine Unmöglichkeit.

So fanden sich denn diese beiden Männer erst, als der König keinen Ausweg mehr sah, als er einsehen mußte, daß er überhaupt keinen anderen Mann mehr finden würde, der bereit wäre, den Konflikt in seinem Sinne durchzufechten.

So ist der Aufenthalt Bismarcks in Paris (Ende Mai bis September 1862) nur eine Episode. Im April war Bismarck telegraphisch von Petersburg nach Berlin berufen, vielleicht in der Absicht, ihm schon damals ein Portefeuille anzubieten. Die Krisis ward aber noch einmal vermieden, und als er am 10. Mai in Berlin ankam, erhielt er nach längerem Zögern seine Beglaubigung für Paris. Sein Aufenthalt in Frankreich war aber doch trotz seiner Kürze von Wichtigkeit. Schon daß der König ihm, der immer für eine Anlehnung an Frankreich eingetreten war, diesen Posten anvertraute, bewies eine Annäherung an Bismarcks Politik. Außerdem fand dieser in Frankreich Gelegenheit, das Vertrauen, das Napoleon ihm seit längerer Zeit entgegenbrachte, noch zu verstärken. Endlich besserte sich hier seine geschwächte Gesundheit, so daß er mit frischen Kräften an die Riesenaufgabe herantreten konnte, die er am 22. September nun doch übernehmen mußte.

Während Bismarck in Frankreich war, spitzte sich der Konflikt immer mehr zu. Nach den Verhandlungen war es klar, daß die zweite Kammer die Kosten der Reorganisation ablehnen würde. So entschloß sich Roon zu selbständigem Handeln. Am 18. September erhielt Bismarck in Avignon sein Telegramm: *„Periculum in mora. Dépêchezvous!"* (Gefahr im Verzuge. Eile tut not.) Am 20. kam er in Berlin nach 25stündiger Fahrt an. Noch am gleichen Tage verhandelte er mit Roon und den übrigen Ministern, am Abend mit dem Kronprinzen. Am 22. wurde er nach Babelsberg berufen und in der ewig denkwürdigen Unterredung zwischen dem gebrochenen König und seinem Botschafter wurde jener Bund geschlossen, der bis zum Tode dauern sollte, der für Preußen und Deutschland die glanzvollste Epoche herausführte, und der zwischen dem königlichen Herrn und dem genialen Diener ein Band schuf, wie es die Geschichte der Menschheit bisher nur dieses eine Mal gesehen.

Bismarck im Jahre 1855

Nach einem Oelbild von Jakob Becker

Verkleinerter Abdruck aus: Lenz-Marcks, „Das Bismarckjahr"

VI.
Der Diplomat

Der 22. September 1862 bedeutet den wichtigsten Wendepunkt in Bismarcks Leben. Aus der Peripherie rückte er in das Zentrum des politischen Lebens, und hier ergriff er sein Werk, und dies Werk ergriff ihn. In noch nicht 10 Jahren ward das vollendet, wonach die Nation sich während des Jahrhunderts gesehnt, wofür sie gestrebt, gerungen, gekämpft hatte. Ein Mann, gehaßt, verleumdet, angefeindet, von allen Seiten bedroht, führte Preußen auf die Höhe der Macht, einigte Deutschland und stellte es an die Spitze Europas.

Wie war das möglich? Es ist klar, daß Bismarck von der Gunst der Verhältnisse getragen worden ist. „Ich habe Glück gehabt in dem, was ich dienstlich angriff, weniger in meinen Privatunternehmungen. Es ist das für das Land sehr viel besser, als einen Minister zu haben, dem es umgekehrt geht." Das schreibt nicht etwa der Alte aus dem Sachsenwalde, resigniert auf das Leben zurückschauend, das schreibt Bismarck auf der Höhe des Ruhmes, eben als Sieger zurückgekehrt und als Einiger Deutschlands. Auch schreibt das nicht der Diplomat, den Stolz auf sein Werk in scheinbare Bescheidenheit verhüllend, der Brief ist aus Varzin an den eigenen Bruder gerichtet (23. Juli 1871). Bismarck war sich also – er hat das auch an anderen Orten mehrfach ausgesprochen – der Gunst der Verhältnisse durchaus bewußt. Was er aber hier nicht zum Ausdruck bringt, das ist, daß er eben die Verhältnisse und Menschen zu werten und zu benutzen verstand, und darin liegt seine Größe als realistischer Staatsmann.

Wenn man flüchtig hinsieht, könnte man meinen, der große Realist habe die Verhältnisse immer nur unter dem Gesichtswinkel der Sachen, *„quae numero et pondere dicuntur",* (der Sachen, „welche sich zählen und wägen lassen"), gesehen. Es ist richtig: seine erste Frage in politischen Dingen ist immer die Machtfrage. In seinen Erwägungen kehren

..r 150 000 Soldaten immer wieder. „Für die Phrasen von
L...ieg ist er stichfest, und kennt keine andere als ungemütliche
Interessenpolitik, Zug um Zug und bar." Die Verpflichtung zur Dankbarkeit in der Politik lehnt er kühl ab, und wenn er sie in anderem Zusammenhange einmal anerkennt, so erschließt er ihre Notwendigkeit
nicht nur aus sittlichen Gefühlen, sondern erklärt flagrante Undankbarkeit für unklug, und das scheint fast der Hauptgrund für ihn zu sein. Die
öffentliche Meinung scheint für ihn nicht vorhanden. Während des Ver-
fassungskonfliktes stellt er sich ihr, soweit sie durch Presse und Parlamente vertreten wird, trotzig entgegen. Als die Kaiserfrage, oder richtiger der Kaisertitel in Versailles bei Tisch besprochen wird, prägt er das
harte Wort: „*Nescio quid mihi magis farcimentum esset*" („Ich weiß
nichts, was mir mehr Wurst wäre"). Ähnlich urteilt er über die Fahnen-
frage. Wenige Wochen vorher aber sagt der gleiche Mann in gleichem
Kreise: „Er ist übrigens wichtiger als mancher glaubt, der Kaiser. Ich
konnte es Ihnen (den Fürsten) gar nicht sagen, was es alles ist, sonst
wäre es mir gewiß nicht gelungen." Das ist kein Widerspruch. Persönlich legt er auf solche Äußerlichkeiten keinen Wert. Seine Orden legt er
nur an, weil sie nun einmal zum Diplomatenkleid gehören, den Fürsten-
titel möchte er ablehnen, den Herzogstitel führt er nicht, im Diplomaten-
frack mokiert er sich über sich selbst. Dennoch weiß er, wie notwendig
alle diese Äußerlichkeiten für den allgemeinen Eindruck sind. So kämpft
er, dem der Kaisertitel „Wurst" ist, mit allen Mitteln und aus allen Kräften für seine Annahme. Er, der die öffentliche Meinung verachtet, tritt
1866 mit dem Entwurf einer deutschen Verfassung hervor und wirft das
allgemeine Wahlrecht in die Pfanne, veröffentlicht sechs Tage nach der
Kriegserklärung 1870 den Entwurf Benedettis zu einem preußisch-
französischen Bündnis, bearbeitet schon als Bundestagsgesandter die
süddeutschen Zeitungen im Sinne der preußischen Zollpläne auf das
Geschickteste, steht als Minister mit der Presse in engster Verbindung,
reagiert auf jeden persönlichen Angriff in einer Zeitung sofort, bewertet
in seinen politischen Reden immer wieder die Imponderabilien in der
Politik, kurz zeigt, daß er alle diese Dinge in seine Berechnung einbe-

zieht, allerdings ohne sich von ihnen abhängig zu machen. Er ist persönlich ganz unabhängig von diesen Imponderabilien, kein Ehrgeiz, kein persönliches Streben könnte ihn zu der geringsten Nachgiebigkeit veranlassen, nur sein Werk zwingt ihn.

Das ist das Einzigartige in Bismarcks Persönlichkeit. Alexander der Große vergoß Tränen über die Taten seines Vaters, Friedrich der Große gestand, daß auch Ruhmsucht ihn in den ersten Schlesischen Krieg getrieben, Napoleon des I. Ehrgeiz wuchs ins Maßlose und stürzte den Giganten. Nichts davon bei Bismarck. „Ich müßte ein rechter Narr sein, wenn ich jetzt und freiwillig mit Manteuffel tauschen wollte, oder auch mit Arnim in Wien. Ich lebe hier wie Gott in Frankfurt," schreibt er 1852 an Leopold von Gerlach. 1860 heißt es in einem Briefe an den Bruder: „Wollte ich bereitwillig in diese Galeere hineingehen, so müßte ich ein ehrgeiziger Narr sein." 1861 antwortet er Roon: „In den Streit wohltuender Gefühle für junge Auerhühner einerseits und Wiedersehen von Frau und Kindern andererseits tönt Ihr Kommando ‚an die Pferde‘ mit schrillem Mißklang." Im folgenden Jahre wendet er sich an seine Schwester: „Vor drei Jahren hätte ich noch einen brauchbaren Minister abgegeben, jetzt komme ich mir in Gedanken daran vor wie ein kranker Kunstreiter." Und dann ist er Minister und schreibt 1863 an seine Frau: „Ich wollte, irgendeine Intrige setzte ein anderes Ministerium durch, daß ich mit Ehren diesem ununterbrochenen Tintenstrom den Rücken drehen und still auf dem Lande leben könnte." Ähnlich klagt er 1865 der geliebten Schwester sein Leid: „Das Tretrad geht Tag für Tag seinen Weg, und ich komme mir vor wie der müde Gaul darauf, der es unter sich fortschiebt, ohne von der Stelle zu gelangen." Und diese Klagen bleiben nun die gleichen, wenn sie auch an Zahl abnehmen, weil der Strom der Briefe langsam versiegt; immer wieder tauchen sie auf, bald auch in seinen oft so bitteren Reden in den Parlamenten. So spricht kein Ehrgeiziger, so schreibt kein Mann, der am Amte, an der Macht hängt. Alles in ihm sträubt sich dagegen: der Landjunker, dem die Feder ein Greuel ist, und der ein Menschenleben am Schreibtisch zubringen muß; der unabhängige Adlige, der oft genug mit der Faust dazwischen fahren möchte;

der Gentleman, der sich von dem Schachern und Feilschen in den Parlamenten, vom Intrigieren an den Höfen, vom Lügen und Trügen der Diplomaten, vom Tifteln und Spintisieren der Bürokratie angeekelt fühlt; der Familienvater, der um den ruhigen Genuß des Familienlebens gebracht ist; der Einsame, der in den Trubel des Gesellschaftslebens, in die Unruhe des Reiselebens gezwungen ist; der Menschenverächter, der immer wieder mit ihnen paktieren muß; der Aristokrat, der sich von der Allgemeinheit abgestoßen fühlt. Kurz – es gibt keine Seite in Bismarcks Wesen, die sich nicht gegen sein Amt und seine Tätigkeit sträubte.[18]

Und dennoch hat dieser Mann länger denn ein Menschenalter auf der Wucht gestanden, drei Kaisern hat er treu und klug gedient, und der dritte hat ihn entlassen. Widerwillig ging dieser Widerstrebende aus dem Amte, und jahrelang noch ertönte seine Stimme mahnend, tadelnd, anklagend aus dem einsamen Sachsenwalde heraus. Es war die große Treue in ihm. „Nachdem ich meinen Herrn und König nach dem Nobilingschen Attentat in seinem Blute habe liegen sehen, da habe ich mir stillschweigend gelobt, gegen seinen Willen nicht mehr aus dem Dienst zu gehen." Das ist die große Treue, die Bismarck an Wilhelm I. seit dem Tage in Babelsberg band, die ihn in der Konfliktszeit an seine Seite rief: „Das soll man nicht sagen, daß Eure Majestät keinen Diener finden könne, so lange noch ein altmärkischer Edelmann lebt"; die ihn in der gleichen Zeit zum Kronprinzen sagen ließ: „Was liegt daran, wenn man mich auch hängt, wenn nur der Strick Ihren Thron fest an das geeinte Deutschland bindet." Hier aber klingt noch ein zweites durch. Bismarck gehört nicht zu den Menschen, die sich besinnungslos in Liebe hingeben. In erster Linie ist es doch das Werk, das ihn an seinem Platze festhält, das ihn zwingt, die Fron zu tragen, die ihm verhaßt ist, das ihn nicht frei läßt, nicht einmal im Sachsenwalde. Schon 1854 schreibt er an den Bruder, daß er „in ehrgeizigern und patriotischer bewegten Augenblicken seiner Existenz seine beiden Ohren dafür geben möchte, seine politischen Ansichten durchzusetzen." Noch im gleichen Jahre heißt es in einem zweiten Briefe aus Berlin: „ … aber das Unbehagen darüber

---

[18] Man vergleiche zu diesen Ausführungen Emil Ludwig, „Bismarck".

macht mich mitunter ehrgeizig; ich möchte nur auf sechs Monate das Ruder in der Hand haben, um dem Hangen und Bangen in schwebender Pein ein Ende zu machen." Das Genie fühlt seine Kraft und fordert die Tat. So empfindet er es denn auch als eine Unmöglichkeit, das Angebot eines Ministersessels abzulehnen. Er nennt es Feigheit: „Wenn mir aber die Pistole auf die Brust gesetzt wird mit ja und nein, so habe ich das Gefühl, eine Feigheit zu begehen, wenn ich in der heutigen, wirklich schwierigen und verantwortungsvollen Situation ‚nein' sage. … wird mir aber der ministerielle Gaul dennoch vorgeführt, so kann mich die Sorge über den Zustand seiner Beine nicht abhalten, aufzusitzen." Und dann ist Bismarck Minister, und das Genie steht auf der Wacht vor seinem Werk. Wir kennen heute noch nicht alle Kämpfe, die der Gigant deshalb führen mußte. Die schwersten Stunden bereitete ihm offenbar das Intrigenspiel am Hofe. Aus seinen Worten in den „Gedanken und Erinnerungen" zittert immer wieder der Groll gegen die Königin und Kaiserin Augusta, die er immer wieder unter seinen Gegnern fand, ohne sie, die Königin und Frau, je endgültig besiegen zu können. Wo er aber einen Gegner in seine Macht bekam, da wußte er ihn zu vernichten. Das Schicksal des Grafen Harry Arnim ist dafür ein lehrreiches Beispiel, obwohl es sicher richtig ist, daß Bismarck eine Zuchthausstrafe gegen ihn nicht erreichen wollte.[19] Mit welcher Schärfe, Hohn und Verachtung er oft seinen Gegnern in den Parlamenten entgegengetreten ist, um sein Werk zu verteidigen, beweisen zahllose seiner Reichstagsreden. Am selbstbewußtesten hat er es wohl 1886 in einer Polendebatte ausgesprochen: „Es können noch 20 Reichstagsbeschlüsse derart gefaßt werden, das wird uns nicht um ein Haar breit irre machen in unseren Entschließungen." Am bezeichnendsten aber ist vielleicht folgende Anekdote:[20] „Keudell, den Bismarck schon vor dessen Dienstantritt bei ihm besonders schätzte und lange kannte, schreibt ihm in den kritischen Wochen

---

[19] Arnim war unter Bismarck Gesandter in Frankreich. Aus Ehrgeiz befolgte er nicht die Weisungen seines Vorgesetzten und versuchte, auch in Berlin ihm zu schaden. Als er schließlich seines Amtes entsetzt wurde, eignete er sich amtliche Schriftstücke an. Deshalb angeklagt, floh er, und wurde nun, abwesend, zu mehreren Jahren Zuchthaus verurteilt.
[20] Ich gebe sie in der Darstellung von Ludwig, „Bismarck" S. 82 und 83.

von 1864, da er ihn einige Tage persönlich nicht erreichen kann, „er halte die dänische Frage für eine herrliche Gelegenheit, an die Spitze der besten Geister Deutschlands zu treten, um sich für das Recht des Augustenburgers zu schlagen und für ihn die Herzogtümer vom dänischen Joch zu befreien." Am nächsten Tage begrüßte ihn Frau von Bismarck, seine langjährige Freundin, im Salon kaum. Zwei Tage später läßt Bismarck ihn rufen und beginnt mit dumpfer Stimme in sichtlicher Erregung: „Sagen Sie mal, weshalb haben Sie mir eigentlich diesen Brief geschrieben? Wollten Sie auf meine Entschließungen einwirken, so wäre das nicht Ihren Jahren angemessen. Es kann ja ganz ehrenvoll sein, für eine gute Sache unterzugehen, aber besser ist es doch, sich so einzurichten, daß man die Möglichkeit hat zu siegen." Daß das ganze Ministerium jetzt wie in der polnischen Frage im Vorjahre gegen ihn sei, störe ihn nicht. „Daß aber Sie, der Sie mich so lange und so gut kennen, denken, ich wäre in diese große Sache hineingegangen wie ein Fähnrich, ohne mir den Weg klar zu machen, den ich vor Gott verantworten kann, – das hat mir den Schlaf zweier Nächte gekostet. Sie zu entlassen, liegt ja gar kein Anlaß vor. Ich habe Ihnen nur zeigen wollen, wie tief die Kugel sitzt, die Sie mir durch die Brust geschossen haben."

Auch Ludwig, der die Geschichte in anderem Zusammenhange bringt, setzt hinzu: „Er steht vor seinem Werk und schützt es, auch gegen Meinungen."

Als Bismarck Minister wurde, bezeichnete ihn die feindliche Presse als einen Abenteurer, und ebenso kanzelte ihn das Parlament ironisch als den „zünftigen" Diplomaten ab, von dessen politischen Taten man nie etwas gehört habe. Ein doppelter Vorwurf lag darin, man zieh ihn der Gewissenlosigkeit und der Unkenntnis. Letzteres war in gewissem Sinne berechtigt. Der neue Minister war im Grunde genommen Autodidakt, trotz seines juristischen Studiums. Ihm fehlte die sichere Kenntnis der Staatseinrichtungen, die nur durch eine langjährige Beamtenkarriere gewonnen werden kann. Er ist sich auch dieses Autodidaktentums immer bewußt geblieben. Noch in späten Jahren erklärt er in einer Rede, man habe es ihm nicht verzeihen können, daß er als ein „Fremder" eingetreten sei. Auch sein Haß gegen den Geheimratsdünkel und die Büro-kratie erklärt sich hieraus. Von hier aus erklärt sich auch seine Vorliebe für das Autodidaktentum. Bucher holt er sich aus den Reihen der Oppo-sition ins Auswärtige Amt, Busch direkt vom Redaktionsstuhl. Selbst bei der Auswahl neuer Minister legt er höheren Wert auf persönliche Begabung als auf die technische Durchbildung. Daß er unter diesen Umständen manches Mal Unmögliches von seinen Räten verlangte, wird man ihnen gern glauben. Auf der anderen Seite konnte er aber auch nur deshalb Arbeiten in Stunden leisten, zu denen die Herren Ministeri-alräte aus lauter Bedenklichkeiten Wochen und Monate gebraucht hät-ten. So war er imstande, Lothar Bucher den Verfassungsentwurf für den Norddeutschen Bund am 13. Dezember 1866 in einem Zuge in die Feder zu diktieren. Hierfür lagen aber wenigstens Vorarbeiten vor. Noch frap-panter ist die Tatsache, daß er das vollständige Programm für den Berli-ner Kongreß in 20 bis 30 Minuten, wie Tiedemann berichtet, ohne jede Vorbereitung entwarf. Hier berührt sich die Schnelligkeit seiner Kon-zeption und die Sicherheit seines Blicks für die gegebenen Verhältnisse mit seiner riesigen Arbeitskraft, die Busch immer wieder staunend her-vorhebt. Seine praktische Schulung, die Kenntnis der Lebensverhältnis-se, die er als Landwirt, der politischen, die er als Parlamentarier und als Gesandter sich angeeignet hatte, ließ ihn alle Schwierigkeiten, die sein Autodidaktentum mit sich bringen mußte, fast spielend überwinden.

Fast unverständlich aber erscheint uns zunächst der Vorwurf der Ge-wissenlosigkeit. Wir dürfen jedoch nicht vergessen, daß er den Parteien nur bekannt war als der reaktionäre Junker, daß selbst Friedrich Wil-helm IV., als Bismarck zum ersten Male zum Minister vorgeschlagen wurde, neben seinen Namen schrieb: „Nur zu gebrauchen, wenn das Bajonett schrankenlos waltet, „daß Wilhelm I. sich nur mit äußerstem Widerstreben zu seiner Berufung entschloß, und daß eine seiner ersten Erklärungen als Minister mit dem berühmten Satz schloß: „Nicht durch Reden und Majoritätsbeschlüsse werden die großen Fragen der Zeit entschieden – das war der Fehler von 1848/49 – sondern durch Eisen und Blut."

Daß man in der damaligen Stimmung – noch immer glaubte man ja trotz des Fiaskos von 1848/49 an die allein seligmachende Bedeutung der Parlamentsreden – in dem Verkünder einer solchen Politik einen Abenteurer sah, ist kein Wunder. Aber man tat Bismarck unrecht. Er hat später selbst seine Politik in diesen Jahren als auf die Spitze des Schwertes gestellt bezeichnet. Das ist richtig. Aber das war nicht Abenteurerlust, nicht einmal der Wunsch der inneren, Schwierigkeiten durch äußere Erfolge ledig zu werden, die bittere Notwendigkeit zwang ihn, nur auf diesem Wege war Preußens Macht zu erhalten und Deutschlands Größe zu gewinnen. Kein anderer Staatsmann hat, nachdem das eigentliche und notwendige Ziel erreicht war, mit solcher Mäßigung gehandelt, wie Bismarck z. B. 1866 (cf. S. 108). Kein anderer Staatsmann hat solche Verdienste um den europäischen Frieden wie er nach 1871. Kein anderer Staatsmann hat so scharf wie er jeden Präventivkrieg verurteilt und so sorgfältig erst jeden anderen Weg versucht, ehe er die bittere Kriegsnotwendigkeit auf sich nahm. Sicherlich hat auch kaum ein anderer Minister so schwer an seiner Verantwortlichkeit getragen wie Bismarck. Die oben (S. 80) erwähnte Erzählung von Keudell spricht Bände, und immer wieder kehrt die Klage über die Last dieser Verantwortlichkeit in seinen Reden wieder. „Ja, meine Herren, Sie finden das jetzt lächerlich. Sie haben nicht an meiner Stelle gestanden, Sie haben nicht Tag und Nacht das Gefühl der Verantwortlichkeit für die Geschicke des Landes umhergetragen, was mich keine Minute verlassen hat in jener Zeit, - seien Sie versichert davon!"

Die Kraft, diese Verantwortung zu tragen, fand er in seinem tiefen religiösen Gefühl, das allerdings auch gerade auf politischem Gebiete mehr und mehr eine fatalistische Färbung annahm. Schon 1864, gerade in der Zeit der diplomatischen Erfolge, auf die er „am stolzesten war," schrieb er an Arnim Boytzenburg: „Je länger ich in der Politik arbeite, desto geringer wird mein Glaube an menschliches Rechnen." Seiner Frau gegenüber äußert er in der gleichen Zeit denselben Gedanken: „Das lernt sich bei diesem Gewerbe leicht, daß man so klug sein kann wie die Klugen dieser Welt und doch jederzeit in die nächste Minute hineingeht wie ein Kind ins Dunkle." Ähnliche Äußerungen kehren in seinen Briefen und Reden immer wieder und erweisen in seinem religiösen Denken den gleichen Dualismus, der in seinem ganzen Wesen in Erscheinung tritt. Beides, christlicher Glaube und Fatalismus, ließen ihn die Schwere der Verantwortung ertragen und hielten ihn von jeder Überhebung fern, ebenso aber ließen ihn sein Realismus und sein Genie nicht auf die eigene Rechnung verzichten, die Aktivität in ihm machten ein Laisser faire, Laisser aller unmöglich.

Die Erkenntnis von der Unzulänglichkeit menschlichen Denkens machte es ihm aber auch unmöglich, sich mit einer Lösung jeder Ausgabe zu begnügen. Seine Räte berichten, daß er stets mehrere Wege in Erwägung gezogen habe und bereit gewesen sei, jeden von ihnen je nach den Umständen zu benutzen. Er wußte, daß überall unerwartete Hindernisse eintreten konnten, und sein Realismus lehrte ihn, nicht unerreichbaren Idealen nachzujagen, sondern sich mit „dem Möglichen" zu begnügen. In der deutschen Fuge hatte er drei Lösungen zur Hand: Einigung durch Österreich und Preußen, oder durch Preußen und Bayern ohne Österreich, oder durch Preußen gegen Österreich. Jeden dieser Wege hat er versucht, er führte immer wieder gegen Österreich, denn die für Bismarck unumgängliche Bedingung war: keine Schmälerung der preußischen Macht. In der schleswig-holsteinischen Frage hat er selbst einmal im Parlament 1866 die Möglichkeiten, die ihm vorschwebten, und nach denen er seine Politik jeweils richtete, scharf in Worte gefaßt: „Ich habe stets an der Klimax festgehalten, daß die Personalunion mit Dänemark besser wäre als das, was existierte; daß ein selbständiger Fürst besser wäre als die Personalunion, und daß die Vereinigung mit Preußen besser wäre als ein selbständiger Fürst. Welches davon das Erreichbare war, das konnten allein die Ereignisse lehren."

Realismus und geniale Kombinationsgabe vereinigen sich in dieser Art politischen Denkens, und das Bewußtsein dieser beiden Eigenschaften mußte in Bismarck die Zuversicht erzeugen, die ihn an sich selbst nicht irre werden ließ, auch wenn eine Welt gegen ihn stand. Wenn wir ihn mit dem Parlament, mit der Presse, mit der höfischen Partei, mit

diplomatischen Gegnern den scheinbar hoffnungslosen Kampf ausfech-
ten sehen, könnte er uns wie ein Nachtwandler erscheinen, für den die
Schranken des sonst Möglichen aufgehoben sind, wie ein Mensch von
grenzenloser Selbstüberhebung. Aber das Gegenteil ist der Fall. Nie
verläßt ihn das Gefühl der eigenen Unzulänglichkeit, nie verläßt ihn die
Besonnenheit. Sein Verhalten in der Friedensfrage 1866 (cf. S. 108) und
in der Indemnitätsfrage (cf. S. 112) sind dafür Beweis genug. Daß trotzdem dem Genie die Bedeutung und Wucht der eigenen Persönlichkeit
voll bewußt war, ist nur ein scheinbarer Widerspruch. Dieses Bewußtsein mußte sich dem Riesen im Verkehr mit Pygmäen mehr und mehr
einprägen. Mehr als einmal wünscht er sich deshalb Bescheidenheit, die
er sich trotz aller Selbsterkenntnis in der Form der Bescheidung auch
immer bewahrt hat. Daß er dabei in immer weiterem Umfange zum
Machtbewußtsein kommen mußte, und daß ihn, den nervös Leidenschaftlichen, die Widerstände der verständnislosen Welt immer mehr
reizen mußten, ist nur natürlich. „Ach – – wenn ich doch nur einmal auf
fünf Minuten die Gewalt hätte zu sagen: So wird es und so nicht. – Daß
man sich nicht mit Warum und Darum abzuquälen, zu beweisen und zu
betteln hätte bei den einfachsten Dingen. – Das ging doch viel rascher
bei Leuten wie Friedrich der Große. – – Auch mit Napoleon. Aber hier
dieses ewige Reden und Betteln müssen,“ stöhnt er 1870 von den Quän-
geleien der Militärs gequält. Seine Gewaltsamkeit, Nervosität und Leidenschaftlichkeit mußten aus diesem Bewußtsein heraus oft genug zu
Explosionen führen. Bekannt ist jener Tag in Baden, wo er nach langem
Kampf endlich den König veranlaßte, dem Frankfurter Fürstentag fern
zu bleiben. Beide waren von der stundenlangen Verhandlung nervös
erschöpft, und Bismarck hat von sich selbst erzählt: „Als ich das Zimmer verließ, taumelte ich und war nervös so aufgeregt, daß ich beim
Zumachen der Tür des Vorzimmers draußen die Klinke abriß. Der Adju-
tant fragte mich, ob ich unwohl sei. Nein, erwiderte ich, jetzt ist mir
wieder wohl!“ Aus der Erkenntnis der eigenen Größe und des verständnislosen Widerstandes der Welt hat sich dann schon früh mit Notwendigkeit das Gefühl der Einsamkeit und der Menschenverachtung ent-

wickelt. Die Abgrundtiefe dieses Einsamkeitsgefühls spürt man in manchen Sätzen seiner Briefe: „Heute hatte ich wieder einmal die Freude, einen Menschen ‚du' zu nennen." Mit welcher Verachtung spricht er oft genug von den Fürsten! Wie behandelt er die Parlamente! Bitterste Ironie, Spott und Hohn, ja ungeschminkteste Verachtung klingen immer wieder durch seine Worte. Nur für unter ihm Stehende hat er keinen Spott. Des alten Kuhhirten Brandt gedenkt er des Öfteren, und noch als alter Mann zitiert er eins seiner Worte, aus denen er selbst Lebensweisheit geschöpft. Dem Realisten und Verächter war die Phrase verhaßt. Nichts war ihm so unangenehm, als die nötigen Phrasen für eine Thronrede zusammenzustellen. Das gerade hat ihn zu einem Meister der deutschen Prosa gemacht. Der edelste Reiz seiner Sprache ist ihre vornehme Sachlichkeit.

Diese strenge Sachlichkeit, dazu auch die Art seines Sprechens – eine zu hohe Stimme und das stoßweise, gewaltsame Hervorbringen der Sätze – machten es Bismarck unmöglich, als eigentlicher Redner bedeutende Erfolge zu erzielen. Von verschiedenen Seiten wird uns berichtet, daß seine Reden im Druck mehr wirkten als auf der Tribüne. Dem Zauber seiner Unterhaltung aber konnte sich niemand entziehen. Er war der geborene Causeur und damit der geborene Diplomat. Menschenkenntnis und darauf beruhende Menschenbehandlung sind die beiden entscheidenden Merkmale seines Diplomatentums. Für seine Menschenkenntnis ist eine Anekdote bezeichnend, die er selbst in seinen „Gedanken und Erinnerungen" erzählt (I, 236). Der Regent besprach mit ihm das kürzlich ernannte Ministerium der „Neuen Ära":

„Halten Sie Bonin für einen beschränkten Kopf?"

„Das nicht, aber er kann nicht ein Schubfach in Ordnung halten, viel weniger ein Ministerium." – –

Und über Schwerin äußerte er: „ … aber wenn ich an Schwerin denke, so habe ich auch meine Sorgen. Er ist ehrlich und tapfer und würde, wenn er Soldat wäre, wie sein Vorfahr bei Prag fallen; aber ihm fehlt die Besonnenheit. Sehen Eure Königliche Hoheit sein Profil an: dicht über den Augenbrauen springt die Schnelligkeit der Konzeption hervor, die

Eigenschaft, welche die Franzosen mit *primesautier* bezeichnen; aber darüber fehlt die Stirn, in welcher die Phrenologen die Besonnenheit suchen. Schwerin ist ein Staatsmann ohne Augenmaß und hat mehr Fähigkeit einzureißen als aufzubauen." Er beobachtet seine Gegenspieler mit dem Auge des Naturforschers. Von seinem Könige weiß er ganz genau, wodurch sich bei ihm ein Abweichen von der strengen Linie der Wahrheit verrät, weiß, ganz genau, ob die vorgebrachten Gründe der eigenen Überzeugung des Königs entstammen oder ihm von der Königin eingeimpft sind. Als er einmal mit Favre verhandelt, sieht er, daß er geschminkt ist, und hält seine Tränen für Krokodilstränen. Daß er auf Grund solcher Beobachtungen seine Gegner behandelt hat, zeigt am besten sein Verhalten gegen den Grafen Blome 1865 während der Verhandlungen zu Gastein."[21] Bei einem Diner während der Gasteiner Verhandlungen vom Jahre 1865 behauptet Graf Blome, der österreichische Bevollmächtigte, der Charakter eines Menschen sei am sichersten beim Quinzespiel zu ergründen. Bismarck kommt es darauf an, den leichtlebigen und frivolen Grafen, den er als passionierten Spieler kennt, vom Ernst der Situation zu überzeugen. Er nimmt nach Tische seine Einladung zum Spiel gegen alle Gewohnheit und Grundsätze an und spielt nun so tollkühn und waghalsig, gleichgültig gegen alle Verluste, daß auf Blomes Gesicht der Ausdruck zu lesen war: Das muß ja ein ganz rabiater Kerl sein. ‚Er hielt mich für waghalsig und gab nach.' Und noch später war Bismarck überzeugt, daß dieser Eindruck den Abschluß des Gasteiner Vertrages beschleunigt habe." Ein Mittel seiner Diplomatie hat er selbst in seiner derben Weise gekennzeichnet: „Höflich bis auf die letzte Galgensprosse, aber gehenkt wird er." Das hat er schon bei den Zollvereinsverhandlungen in Wien bewiesen. Keinen Schritt ist er zurückgewichen; aber obwohl man ihn zu seinem nicht geringen Ärger schon frühmorgens im Bett mit Verhandlungen überfiel, hat er es doch erreicht, daß damals trotz des negativen Ergebnisses seiner Sendung der Ton zwischen Berlin und Wien wieder zu der üblichen Höflichkeit zu-

---

[21] Ausführlich erzählt bei Busch „Tagebuchblätter" II, 32. Ich gebe die Erzählung in der Form von Ludwig, „Bismarck" 192.

rückkehrte. Aber er konnte auch anders verhandeln. Seine Schlagfertig-
keit machte ihn zu einem gefährlichen Gegner. „Wie es in den Wald
hineinschallt, so klingt es wieder heraus." Die Verhandlung mit Moustier ist schon früher erwähnt (cf. S. 66). Ganz ähnlich antwortet er
Thiers während der Friedensverhandlungen. Dieser weist ihn drohend
auf Europa hin. „Sprechen Sie mir von Europa," antwortet der Schlag-
fertige, „so spreche ich Ihnen von Napoleon." Während dieser gleichen
Besprechungen läßt sich Thiers einmal fortreißen, eine scharfe Forderung Bismarcks als *„une indignité"* (Abscheulichkeit, Beleidigung) zu
bezeichnen. Sofort hört der Bundeskanzler auf, französisch zu sprechen.
Thiers, der das Deutsche nicht beherrscht, muß nachgeben und sich
entschuldigen. Erst dann nimmt Bismarck die Unterhaltung wieder in
französischer Sprache auf. Seine Sprachkenntnisse waren erstaunlich. Er
beherrschte das Englische, Französische und Italienische völlig, konnte
ein wenig Dänisch und Spanisch, und war fähig, in russischer Sprache
eine Unterhaltung zu führen. Daß er von der Schule her Lateinisch und
Griechisch kannte, mag nebenher erwähnt werden. Wie er z. B. das
Französische beherrschte und benutzte, zeigt ein Bericht, nach dem „er
sich gelegentlich den Anschein gab, als schwanke er über den oder jenen
Ausdruck, wenn er hochmütig und ironisch über die Männer und Ereignisse des Tages sprach. Wenn er aber ein Wort zu suchen schien, so
geschah es nur, um es dann besser wie einen Pfeil zu entsenden, und er
fand stets den zugespitztesten Ausdruck." Am stolzesten war Bismarck
auf seine Erfolge in der Schleswig-Holsteinischen Frage. Sie zu erör-
tern, ist hier nicht der Ort, auch sind bis heute noch nicht sämtliche Pha-
sen völlig geklärt. Bezeichnend für ihn ist aber sein Verhalten in der
entscheidenden Unterredung mit dem Augustenburger 1864. Er hat
selbst davon erzählt: „Ich erinnere mich: bei der Unterredung, da nannte
ich ihn zuerst Hoheit und war überhaupt artig. Als dann aber der Prinz
einen Teil der Bedingungen ablehnt, ändert der Minister den Ton. „Ich
titulierte ihn jetzt Durchlaucht und sagte ihm zuletzt ganz kühl – platt-
deutsch – daß wir dem Küken, das wir ausgebrütet hätten, auch den Hals
umdrehen könnten."

Die schwersten Kämpfe aber hat er mit seinem König gehabt, den er immer wieder von Einflüsterungen befreien mußte, um ihn in seine Bahn zu drängen. Auch hierfür sind wir naturgemäß auf Einzelheiten angewiesen, die aber zeigen, wie Bismarck vom ersten Tage an seine Aufgabe mit feinster psychologischer Berechnung anfaßte. Beide verbinden sich in unbedingter Treue miteinander, aber Bismarck lehnt die Festlegung auf ein bestimmtes Programm ab, d. h. er gewinnt Wilhelm I. in der ersten Stunde dazu, seine Bedenken auszugeben und sich der Politik seines Ministers anzuvertrauen. Daß hierbei immer wieder Schwierigkeiten eintreten mußten, – wer wollte sich darüber wundern? Das Wort vom „Eisen und Blut" war gefallen. Selbst Roon war durch diese „geistreichen Exkurse" bedenklich geworden. Wilhelm weilte damals in Baden-Baden. Bismarck fürchtete mit Recht den entmutigenden Einfluß der Presse und der königlichen Umgebung. So fährt er dem greisen Monarchen bis Jüterbogk entgegen und findet ihn „in gedrückter Stimmung" in einem Coupee erster Klasse. Die Ausführungen des Ministers unterbricht der König bald:

„Ich sehe ganz genau voraus, wie das alles endigen wird. Da vor dem Opernplatz, unter meinen Fenstern, wird man Ihnen den Kopf abschlagen und etwas später mir." – Als er schwieg, antwortete ich mit der kurzen Phrase: „*Et après, Sire?*" – „Ja, *après*, dann sind wir tot!" erwiderte der König. „Ja," fuhr ich fort, „dann sind wir tot, aber sterben müssen wir früher oder später doch, und können wir anständiger umkommen? Ich selbst im Kampfe für die Sache meines Königs, und Eure Majestät, indem Sie Ihre königlichen Rechte von Gottes Gnaden mit dem eignen Blute besiegeln, ob auf dem Schafott oder auf dem Schlachtfelde, ändert nichts an dem rühmlichen Einsetzen von Leib und Leben für die von Gottes Gnaden verliehenen Rechte." – – Je länger ich in diesem Sinne sprach, desto mehr belebte sich der König und fühlte sich in die Rolle des für Königtum und Vaterland kämpfenden Offiziers hinein. So wußte ihn Bismarck beim *Porte-épée* zu fassen. In anderen Fällen stachelte er den Hohenzollern-Ehrgeiz an, so als es sich darum handelte, die Elbherzogtümer einzuverleiben, wogegen sich die strenge Rechtlichkeit Wilhelms sträubte. Mehr wie einmal hat Bismarck, um den zaudernden König zu zwingen, die Kabinettsfrage gestellt. Wundervoll in ihrer Einfachheit aber sind dies Worte, die der greise Staatsmann in Erinnerung an solche Mißhelligkeiten gefunden hat: „Ihm gegenüber lag mir persönliche Empfindlichkeit sehr fern; er konnte mich ziemlich ungerecht behandeln, ohne in mir Gefühle der Entrüstung hervorzurufen. Das Gefühl, beleidigt zu sein, werde ich ihm gegenüber ebensowenig gehabt haben, wie im elterlichen Hause. Es hinderte das nicht, daß mich sachliche, politische Interessen, – – – in der Stimmung einer durch ununterbrochenen Kampf erzeugten Nervosität zu einem passiven Widerstande gegen ihn geführt haben, den ich heut in ruhiger Stimmung mißbillige und bereue, wie man analoge Empfindungen nach dem Tode eines Vaters hat, in Erinnerung an Momente des Dissenses."

Kann Wilhelm, dem Ehrwürdigen, ein schöneres Denkmal gesetzt werden?! Kann Bismarck, „der treue, deutsche Diener Kaiser Wilhelms I.", seiner Liebe und echt-menschlichen Verehrung ein schöneres Zeugnis ausstellen?!

Ein sehr bezeichnendes Beispiel, wie Bismarck Menschen zu behandeln wußte, zeigt auch sein Verhalten zu Ludwig II. von Bayern. Der Romantiker auf dem Königsthron war durchaus nicht beglückt, statt eines Preußenkönigs neben sich, einen Deutschen Kaiser über sich sehen zu sollen. Dennoch mußte seine willige Zustimmung gewonnen werden, ja er mußte es sein, der Wilhelm I. die Kaiserkrone bot. Nach langen Verhandlungen entwirft Bismarck schließlich den entscheidenden Brief, der von Ludwig nur abgeschrieben zu werden brauchte, fügt aber noch ein persönliches Schreiben hinzu. Hierin erinnert er daran, daß die Wittelsbacher einst vor den Hohenzollern Brandenburg beherrscht hätten. Damals seien die Bismarcks Vasallen der Wittelsbacher gewesen, als solcher fühle er sich gewissermaßen noch heute, und in dieser Eigenschaft wage er es dem Könige seinen Rat zu erteilen. Es scheint gar keinem Zweifel zu unterliegen, daß diese feine Schmeichelei bei dem Romantiker entscheidend mitgewirkt hat.

Meisterstücke seiner Art, Menschen zu behandeln, sind solche Fälle, in denen er die Vorschläge des Gegners glatt ablehnt, durch die Art der Ablehnung aber den Gegner persönlich für sich gewinnt. 1857 war Bismarck ohne diplomatischen Auftrag in Paris. Dennoch benutzte Napoleon die Gelegenheit, um ihm Pläne für eine Vergrößerung Preußens und für ein Zusammengehen mit Frankreich vorzulegen. „Ich antwortete – so erzählt Bismarck weiter – ich sei doppelt erfreut, daß der Kaiser diese Andeutungen gerade mir gemacht habe, erstens, weil ich darin einen Beweis seines Vertrauens sehen dürfe, und zweitens, weil ich vielleicht der einzige preußische Diplomat sei, der es über sich nehmen würde, diese ganze Eröffnung zu Hause und auch seinem Souverän gegenüber zu verschweigen." Tatsächlich hat Bismarck auch von diesen Wünschen Napoleons in seinen Berichten nichts erwähnt, hat aber das Vertrauen Napoleons damals gewonnen. Gemeinschaftliche Geheimnisse binden. In ganz ähnlicher Weise gewann er das Vertrauen des Grafen Rechberg.[22] Seine Meisterstücke aber hat Bismarck dem französischen Botschafter Benedetti gegenüber gemacht.[23] „Am 1. April 67 besucht ihn Benedetti, um ihm zum Geburtstag zu gratulieren und zugleich amtlich den Ankauf Luxemburgs durch Frankreich mitzuteilen. Bismarck kennt den Inhalt der Depesche und fühlt, daß Krieg und Frieden in diesem Augenblicke entschieden werden. Er kannte die weiche, geschmeidige und zögernde Natur Benedettis, der, wie alle Levantiner, gewaltsame Maßnahmen scheute. Er hindert ihn, die Depesche aus der Tasche zu ziehen, er scheue ein politisches Gespräch, da er im Augenblick in den Reichstag müsse. Auf dem Gartenweg, der damals zwischen den beiden Gebäuden bestand, eröffnet ihm Bismarck, jetzt sofort müsse er eine Interpellation über den möglichen Ankauf Luxemburgs durch Frankreich beantworten. Deshalb sei eben, erwiderte Benedetti, die vorherige Mitteilung seiner Depesche zu wünschen. Bismarck hindert ihn nochmals und skizziert ihm seine Rede: Der Regierung sei nichts bekannt, er könne sich also jetzt nicht über ihre Absichten äußern. Keine fremde

---

[22] „Gedanken und Erinnerungen". I, 361.
[23] Ich gebe die beiden Erzählungen in der Darstellung von Ludwig, „Bismarck" 186 ff.

Bismarck als Kanzler des Norddeutschen Bundes

Macht werde aber die zweifellosen Rechte deutscher Staaten beeinträchtigen, das sei seine Überzeugung. Nach dieser Erklärung bleibe eine freundliche Verständigung möglich. Wüßte er aber offiziell von dem geschehenen Kauf, so müßte er ihn dem Reichstag melden, und dann würde Preußen die Abtretung niemals dulden: ein ernster Konflikt sei unvermeidlich. „Nun frage ich Sie," sagte Bismarck am Ausgang des Gartenweges nochmals, „haben Sie mir eine Depesche zu übergeben?" Benedetti verneint und empfiehlt sich. Die Folge dieses Spazierganges war bekanntlich statt eines Krieges die Londoner Konferenz, die Luxemburg für neutral erklärte und die Festungen schleifen ließ.

Während diese Frage schwebte, machte Benedetti Bismarck den Vorschlag eines Schutz- und Trutzvertrages derart, daß Frankreich sich Belgiens, Preußen sich Süddeutschlands bemächtigen solle. Bismarck läßt ihn dies aussetzen und bewahrt das Papier. Nach Jahren, sechs Tage nach der Kriegserklärung Frankreichs, erscheint das Dokument plötzlich in den Spalten der Times. Zugleich gelangt die Photographie dieses Papieres der französischen Botschaft mit Benedettis Handschrift in die Kabinette. Zweck und Folge dieser Publikation ist die größte Erbitterung allenthalben gegen Frankreichs Machinationen. Damit nicht genug: Bismarck erklärt offiziell, voll Ironie, er hätte sich zu dieser Veröffentlichung genötigt gesehen; denn ohne sie hätte ihm Frankreich vielleicht in diesem Augenblick noch angeboten, nach vollendeten Rüstungen auf beiden Seiten an der Spitze einer Million gewappneter Streiter dem übrigen ungerüsteten Europa nun dieselben Forderungen aufzuzwingen, die ihm damals Benedetti gemacht."

Das ist Bismarck der Diplomat in seiner ganzen Furchtbarkeit, aber seine staatsmännische Weisheit ist dadurch nicht erschöpft. Diese diplomatische Klugheit vermittelte ihm die Erfolge des Augenblicks; seine Weisheit beruht auf der inneren Folgerichtigkeit seiner Handlungsweise. Sie ergibt sich nur aus der *Totalität* seiner Tätigkeit. Von hier gesehen, lösen sich alle scheinbaren *Inkonsequenzen*, die man gerade ihm so oft zum Vorwurf gemacht hat, in einer wundervollen Harmonie auf.

VII.
Der Konflikts-Minister

Der 22. September 1862 hatte Bismarck an die Spitze der Regierung gestellt, am 8. Oktober erfolgte seine definitive Ernennung zum Ministerpräsidenten und zum Minister der Auswärtigen Angelegenheiten. Damit kapitulierte Wilhelm I. vor seinem eigenen Minister. Gerade sein Draufgängertum in der äußeren Politik hatte er immer gefürchtet, jetzt legte er sie selbst in die Hände dessen „der nur Musik machen wollte, wie er sie für gut erkannte." (cf. S. 29.)

Auf diesem Gebiete hat dann auch Bismarck seine Erfolge errungen; die innere Politik stellte er rücksichtslos in den Dienst der äußeren.

Die hessische Frage löste er durch einen einzigen Brief, den er durch einen einfachen Feldjäger dem Kurfürsten überreichen ließ. Der Kurfürst stand im Kampf mit seinen Ständen, denen er ein rückschrittliches Wahlgesetz auszwingen wollte. Der Bund, Österreich und Preußen hatten schon Versuche gemacht, eine Versöhnung herbeizuführen. Bismarck vermied es, in liberalen Phrasen zu schwärmen. Er stellte seine dringliche Forderung nur im preußischen Interesse. Preußen könne einen Herd der Revolution nicht mitten in seinem Gebiet dulden und werde auch ohne den Bund einschreiten. Zwei Tage nach Empfang des Schreibens gab der Kurfürst seinen hartnäckigen Widerstand auf und berief die Stände aufs Neue.

In Deutschland machte das damals liberal gelenkte Österreich den Versuch, eine Bundesreform durchzuführen, die auf eine Zurückdrängung der Macht Preußens hinausgelaufen wäre. Den Österreichern selbst hielt er nur das preußische Interesse entgegen, das nicht dulden könne, daß die Mittelstaaten enger mit Österreich verbunden würden. Damals fiel dem österreichischen Gesandten in Paris gegenüber – Bismarck überreichte Ende Oktober Napoleon persönlich sein Abberufungsschreiben – das scharfe Wort, „gegen die Phrasen vom Bruderkrieg sei er stichfest, er kenne keine andere als ungemütliche Interessenpolitik, Zug um Zug und bar." Dem Gesandten in Berlin, der erklärte, Österreich könne doch nicht auf seinen überlieferten Einfluß in Deutschland verzichten, warf er sogar schneidend entgegen: „Österreich müsse seinen Schwerpunkt nach Ofen verlegen." Als dann aber die Frage doch am Bunde verhandelt wurde, lehnte er in erster Linie die Berechtigung von Majoritätsbeschlüssen in solchen Fragen ab, hielt aber außerdem ein Programm bereit, das im Grunde genommen die Lösung der deutschen Frage schon in dem Sinne vorwegnahm, wie sie später erfolgte. Der Kampf wurde noch einmal vermieden. Österreich blieb bei der Abstimmung in der Minderheit.

Viel größere Gefahren schien die polnische Revolution herbeizuführen, die im Januar in Russisch-Polen zum Ausbruch gekommen war. Die Gefahr lag natürlich nicht in der Wahrscheinlichkeit ihres Sieges. An einen solchen war an sich nicht zu denken. Die Gefahr lag in der Möglichkeit innerer und äußerer Verwickelungen. Die Liberalen im Innern, Frankreich, England und Österreich stellten sich auf die Seite der Revolutionäre. In Rußland existierte eine polenfreundliche Partei, die bereit war, Russisch-Polen zu befreien, wenn nur Warschau in den Händen Rußlands blieb. Ein so erneutes Polen hätte aber für Preußen die Erhaltung Poseus und Westpreußens fast zur Unmöglichkeit gemacht und eine ständige Gefahr bedeutet. Andererseits näherte sich durch eine solche Politik Rußland dem kaiserlichen Frankreich; zwischen beiden blieb aber Preußen nur die Rolle eines halben Vasallenstaates. Bismarck hat eine solche Verbindung schon früher ins Auge gefaßt (cf. S. 64.) und die Notwendigkeit betont, daß dann Preußen als Bundesgenosse neben Rußland und Frankreich treten müsse. Besser aber war es, wenn eine solche Kombination vermieden wurde. Durch die Sendung des Generals Gustav von Albensleben nach Petersburg ist ihm dies gelungen. Der Zar wurde dadurch von der polenfreundlichen Politik abgedrängt, die Gefahr einer ungünstigen, europäischen Konstellation ward vermieden, Rußland im Gegenteil Preußen gegenüber zur Dankbarkeit verpflichtet, die sich 1866 und 1870/71 tatsächlich bewährt hat. Der Aufstand wurde dann mit leichter Mühe überwältigt.

In all diesen Fragen stand Bismarck allein. Nicht nur das Parlament, auch seine Kollegen, also zünftige Politiker, arbeiteten gegen ihn. Selbst in die königliche Familie war der Zwiespalt hineingetragen. Nur der König und die kleine Schar der Konservativen waren seine Stütze, nicht, weil die Ziele die gleichen waren, sondern weil zufällig zunächst die Wege die gleichen waren. Bismarck war nur scheinbar antikonstitutionell, er dachte gar nicht daran, die Verfassung zu brechen, sondern kämpfte nur gegen die Parlamente, weil sie augenblicklich seine Wege versperrten. Auch das Ziel – Deutschlands Einigung – war ihm mit der Fortschrittspartei gemeinsam, nur wollte er es nicht durch eine Schwächung der preußischen Macht erreichen, sondern gerade die Großmachtstellung seines Staates sollte das Mittel werden. –

Er hatte zunächst den Versuch gemacht, das Parlament durch ein versöhnliches Auftreten zu gewinnen; aber er fand nicht das geringste Entgegenkommen. Schon die Adreßdebatte zeigte die unversöhnliche Stimmung der Abgeordneten. Die Haltung der Regierung in der Polenfrage rief dann die schärfsten Angriffe hervor. Bismarck aber war nicht gesonnen, sich seinen Weg versperren zu lassen. So trieb er selbst jetzt den Konflikt auf die Spitze. In der Debatte über das Wehrgesetz, das, neu vorgelegt, nicht die geringste Nachgiebigkeit gegen die Wünsche der Opposition zeigte, kam es zu einem Streit zwischen Roon und dem Vize-Präsidenten v. Bockum-Dolffs. Die Angelegenheit hätte sich bei einigem guten Willen wohl beilegen lassen; aber Bismarck wollte jetzt den Bruch. Er wußte, daß die Opposition seinen Sturz wünschte, an seinem Amt hing er auch damals nicht; mit ihm wäre aber auch sein Werk vernichtet worden, und dies verteidigte er. Ministerium und König stellten sich unbedingt auf die Seite Roons; das Abgeordnetenhaus konnte nun nicht mehr zurück. So wurde die Session am 27. Mai 1863 geschlossen, am 2. September erfolgte die Auflösung.

In der Zwischenzeit ging Bismarck rücksichtslos gegen die Opposition vor. Am 1.Juni erfolgte die sogenannte Preßordonnanz, die die Freiheit der Feder schärfer knebelte, als das selbst im kaiserlichen Frankreich geschah. Sie erregte allgemeinsten Unwillen. Der Kronprinz lehnte sogar in öffentlicher Rede in Danzig jede Verantwortung für die Erlasse ab. Auf die Neuwahlen, die für den 28. Oktober 1863 ausgeschrieben wurden, suchte das Ministerium in zweifellos unstatthafter Weise Einfluß zu gewinnen. Aber alles war vergeblich. Am 9. November zogen in das Haus der Abgeordneten die Gewählten des Volkes ein, darunter ganze 37 Ministerielle.

Diese Vorgänge in Preußen erregten bei seinen Feinden helle Freude. Österreich, die Mittelstaaten, Dänemark glaubten, daß ihre Zeit gekommen sei. Je reaktionärer die preußische Regierung auftrat, desto munterer plätscherten die übrigen deutschen Regierungen im Fahrwasser des Liberalismus, desto eifriger betonten sie die Notwendigkeit der nationalen Einigung. Der Liberalismus selbst geriet in eine schlimme Lage. Seit 1849 war es für seine ausschlaggebenden Elemente zum Dogma geworden, die Einigung müsse unter Preußens Führung erstrebt werden. Nun schien sich dies zu versagen. Da glaubte Österreich, das auch in liberale Bahnen gelenkt war, sein Ansehen in Deutschland wieder herstellen zu können. Seit 1862 begannen Versuche in dieser Richtung, 1863 wurden sie mit erneutem Eifer aufgenommen. Sie liefen im Grunde darauf hinaus, Preußen durch Einführung von Majoritätsbeschlüssen am Bunde lahm zu legen. Die sogenannte Bundesreform sollte auf einem Fürstentag in Frankfurt beraten werden. In Gastein gelang es Bismarck, seinen Herrn zu einer Ablehnung dieser Vorschläge zu bewegen. Schwieriger wurde die Lage in Baden-Baden, als König Johann von Sachsen noch einmal persönlich Wilhelm I. zu dem Kongreß einlud. „Dreißig regierende Herren und ein König als Kurier, – wie kann man da ablehnen?" rief der König aus, und es bedurfte einer leidenschaftlich erregten Szene, ehe es dem Minister gelang, seinen Willen durchzusetzen (cf. S. 85.) Wahrscheinlich gelang es ihm auch nur, weil der König seiner im Hinblick auf den inneren Konflikt nicht entbehren zu können glaubte. Was nun kommen mußte, kam. Die Verhandlungen wurden noch einige Zeit hingeschleppt, verliefen dann aber fruchtlos. Die Mittelstaaten, die vorher Österreich unterstützt hatten, wollten von einer Einigung ohne Preußen ebensowenig wissen, wie von einer solchen ohne Österreich. Nur in der Rivalität beider Mächte konnten sie ihre Selbständigkeit erhalten, und das war das Ziel trotz aller tönenden Phrasen. Wichtig aber hätte es sein können, daß Bismarck diese Gelegenheit wieder benutzte, um seine Anschauungen über den Weg zur deutschen Einheit zum Ausdruck zu bringen. Es waren Gedanken, die in mehr oder minder klarer Form schon seit Jahren in seinen Denkschriften, Berichten und Briefen auftauchen: Preußen könne auf seine Großmachtstellung nicht verzichten. Eine Reform des Bundes sei deshalb nur unter der Voraussetzung völliger Gleichstellung mit Österreich möglich. Preußen könne sich also nicht Majoritätsbeschlüssen unterwerfen, es müsse das Vetorecht besitzen.

Nur ein Mittel gebe es, das es veranlassen könne, einen Teil seiner Souveränität auszugeben, weil nur dies die Sicherheit gäbe, daß es seine Rechte zum Besten des *ganzen* deutschen Volles opfere. Dies Mittel sei ein *deutsches Volksparlament.*

Das aber war der Weg den Österreich nicht beschreiten wollte, noch konnte. Die Denkschrift Bismarcks spricht allerdings von dieser Unmöglichkeit mit keinem Wort. Der Diplomat tut so, als ob seine Einwendungen durchaus vom Standpunkte beider Großmächte erfolgten. Gleichzeitig aber reicht er auch Österreich die Hand zur Verständigung. Beide Großmächte sollten eine solche auf dem Boden völliger Gleichberechtigung suchen. Und Österreich, das sich eben noch stolz an die Spitze der Mittelstaaten gestellt hatte, ergreift die ihm dargebotene Hand. Die Mittelstaaten hatten im letzten Augenblick sich einem Auftreten gegen Preußen versagt. Rußland war durch die polnische Frage gereizt, Frankreich nicht minder, da es sich durch die deutschen Einheitsbestrebungen bedroht sah. An einen Kampf aber konnte Österreich damals nicht denken. So wirft Habsburg das Steuer seiner Politik plötzlich herum, tritt an Preußens Seite und folgt ihm sogar in der dänischen Frage. Bismarcks Politik hatte auf der ganzen Linie einen vollen Erfolg erzielt, nur dadurch, daß „er den Angriff mit dem Rücken" aufgefangen hatte, dadurch daß er sich nicht hatte blassen lassen.

Ungefähr zu der gleichen Zeit, da Österreich in das preußische Fahrwasser einlenkte, wurde die dänische Frage brennend. Wenige Monate

98

früher hätte Habsburg sicher die Gelegenheit benutzt, um mit den Mittelstaaten gegen Preußen die nationalen Strebungen zu unterstützen. Dadurch wäre eine für Bismarck viel schwierigere Lage geschaffen worden. Sein Glück hat ihn davor bewahrt.

Durch das Londoner Protokoll war die dänische Frage von den europäischen Mächten dahin geregelt worden, daß im Falle des Aussterbens der männlichen Linie in der Gesamtmonarchie die weibliche Linie in der Person des Prinzen Christian von Sonderburg-Glücksburg folgen sollte. Die übrigen Rechte der Herzogtümer Schleswig-Holstein sollten aber in keiner Weise angetastet werden. Der deutsche Bund hatte diesen Vertrag nicht unterzeichnet, wohl aber Österreich und Preußen als europäische Mächte. Bismarck war sogar persönlich beteiligt gewesen. Er hatte den Vater Friedrichs VIII. von Augustenburg zum Verzicht auf das Thronfolgerecht für sich und seine Familie veranlaßt.

Schon König Friedrich VII. hatte im März 1863 durch ein Patent die Einverleibung der Herzogtümer in die dänische Gesamtmonarchie angekündigt. Der Bundestag antwortete mit dem Beschluß der Bundesexekution. Da starb Friedrich am 15. November, und sein Nachfolger Christian IX. wurde am 18. gezwungen, die Gesamtstaatsverfassung, durch die die Einverleibung Schleswigs definitiv gemacht wurde, zu unterschreiben.

In Deutschland und in den Herzogtümern flammte die nationale Begeisterung empor. Die deutschen Grenzlande sollten endgültig vom dänischen Joch befreit werden. Man verlangte vom Bunde Besetzung des ganzen Landes. In Holstein ward Friedrich VIII. von Augustenburg zum Herzog ausgerufen.

Dieser Bewegung warf sich nun Bismarck scheinbar entgegen. Zwei Gründe veranlaßten ihn dazu. Das Londoner Protokoll war von Rußland, Frankreich und England garantiert. Jede Verletzung seiner Bestimmungen von deutscher Seite hatte die Einmischung Europas zur Folge gehabt. Das mußte aufs sorgfältigste vermieden werden. Außerdem konnte es nicht im preußischen Interesse liegen, hier im Norden einen neuen souveränen Mittelstaat entstehen zu lassen, der sich mit Naturnotwendigkeit, um seine Selbständigkeit zu wahren, an Österreich angeschlossen hätte. Bismarck hat deshalb sofort nach dem Tode Friedrichs VII. es in einem Ministerrat ausgesprochen, daß in den Herzogtümern nur Preußen an die Stelle der vertriebenen Dänen treten dürfe. Der Kronprinz hob allerdings abwehrend die Hände empor, als ob er an den gesunden Sinnen des Ministers zweifle, und der König ordnete zunächst an, daß dieser Passus nicht in das Protokoll aufgenommen würde. Er schien der Meinung zu sein, daß Bismarck unter den bacchischen Einflüssen eines solennen Frühstücks stände. Der Ministerpräsident bestand aber auf der Protokollierung. Die Erzählung zeigt, wie einsam der geniale Mann auch hier mit seinen Anschauungen stand. Auch seine Kollegen und Untergebenen (cf. z. B. S. 80.) ließen sich zunächst durch den nationalen Übereifer die Köpfe verdrehen. Aber er ging unbeirrt seinen Weg und, wenn auch unter schweren Kämpfen, gelang es ihm, den König hinter sich herzuziehen, der ihn in dem inneren Kampfe nicht entbehren konnte.

Für Österreich war die Marschroute zunächst, wenn auch sehr gegen seinen Willen, festgelegt. Es konnte nicht sofort die eben eingeleitete Politik mit Preußen wieder aufgeben. Es hätte auch völlig allein gestanden. Die Großmächte hätte es, Preußen eingeschlossen, gegen sich gehabt. So gelang es Bismarck, den alten Gegner völlig in das Schlepptau der preußischen Politik zu nehmen. Mit berechtigtem Stolz konnte er an den preußischen Gesandten in Paris, der seine Bahnen zu durchkreuzen suchte, am 24. XII. 63. schreiben: „Es ist noch nicht dagewesen, daß die Wiener Politik in diesem Maße *en gros et en détail* von Berlin aus geleitet wurde."

Das zeigte sich zunächst am Bundestage. Beide Großmächte stellten sich auf den Standpunkt des Londoner Protokolls. Da schäumte die nationale Empörung hoch auf, der Bundestag wagte ihr nicht zu widerstehen. Er lehnte die betreffenden Anträge der Verbündeten ab. Nun geschah, was geschehen mußte. Die Großmächte schritten über den Bundestag hinweg und erklärten, sie würden ihren eigenen Weg gehen. Die machtlosen Proteste der Bundesmitglieder und der Parlamente verhallten ohnmächtig in der Luft.

100

Schon am 16. Januar wurde in Wien ein österreichpreußischer Vertrag unterzeichnet, nach dem die Forderung gestellt werden sollte, daß Dänemark binnen 48 Stunden die Gesamtstaatsverfassung zurücknehme. Das war der Punkt, durch den das Londoner Protokoll von den Dänen verletzt war. Dieser Forderung konnten sich also die europäischen Mächte nicht widersetzen. Im Weigerungsfalle sollte Schleswig besetzt werden. Alle augustenburgischen, dänischen und demokratischen Umtriebe sollten unterdrückt werden. Wenn es zu Feindseligkeiten käme, die Verträge also durch Krieg aufgehoben würden, sollten beide Vertragsmächte über die künftigen Verhältnisse, insbesondere über die Erbfolge nur gemeinsam entscheiden.

Die Erbfolge des Augustenburgers war somit eigentlich ausgeschieden. Das entsprach nur den Bestimmungen des Londoner Protokolls. Dies hätte Österreich gern vermieden. Es hatte nicht das geringste Interesse an einer Verkleinerung der dänischen Gesamtmonarchie, aber es konnte nicht mehr zurück. Es mußte die von Bismarck vorgeschlagene Redaktion, die Preußen nach allen Seiten freie Hand ließ, widerwillig genug anerkennen.

Am 28. Januar 1864 erfolgte die Ablehnung des Ultimatums durch Dänemark, das noch immer auf Englands Hilfe hoffte. Am 1. Februar überschritten die Verbündeten die Eider. Am 18. April erstürmten die preußischen Korps die Düppeler Schanzen und wanden den frischesten Siegeslorbeer um die preußischen Fahnen. Die Heeresreorganisation hatte sich glänzend bewährt, die Regierung war in ihrem Tun gerechtfertigt, wenn auch das Parlament noch immer nicht nachgab.

Jetzt versuchte England durch Berufung einer Konferenz nach London zu Dänemarks Gunsten einzugreifen. Die siegreichen Verbündeten gingen sofort darauf ein. Sie konnten auch nicht anders, hatten sie sich doch bisher gewissermaßen als Beauftragte Europas aufgespielt. Ihre erste Erklärung lief aber darauf hinaus, daß durch den Krieg alle früheren Verträge zerrissen seien. Deshalb verlangten sie volle Sicherung gegen die Wiederkehr ähnlicher Vorkommnisse. Die Herzogtümer sollten durchaus selbständig werden, nur durch

Personalunion mit Dänemark verbunden. Aber die Dänen weigerten sich. Der Vorschlag der Verbündeten und des Bundes, die Herzogtümer unter dem Augustenburger zu einem selbständigen Staate zu machen, fand bei den Großmächten keine Gegenliebe. Bismarck hat damals auch persönlich mit Friedrich VIII. verhandelt, doch läßt sich nicht mit Sicherheit ausmachen, wie weit seine Vorschläge ernst gemeint waren. Daß er von ihm vollste Garantie für seinen Anschluß an Preußen verlangte, ist bei Bismarcks Stellungnahme nur selbstverständlich. Sicher ist auch, daß Friedrich diese Sicherheit nicht in vollem Umfange gewährte. Er machte seine Zusagen von der Annahme durch die Landstände abhängig. Ein Vorschlag Englands lief auf eine Teilung Schleswigs hinaus. Aber Dänemark zeigte sich auch hier halsstarrig, worauf Bismarck zweifellos gehofft hatte. Es fühlte sich auf seinen Inseln sicher.

So mußten die Waffen entscheiden. Am 25. Juni wurden die Verhandlungen ergebnislos geschlossen. Am 29. eroberten die Preußen trotz aller Schwierigkeiten die Insel Alsen. Die Dänen fühlten sich in Kopenhagen bedroht. Ihr Widerstand war gebrochen. Anfang Juli wurden die Friedensverhandlungen eingeleitet, am 1. August erfolgte der Abschluß des Vorfriedens in Wien, dem der definitive Frieden am 30. Oktober 1864 in Wien folgte.

Der Friede zu Wien bedeutete den ersten wichtigen Schritt auf dem Wege, der die Einheitswünsche des deutschen Volkes erfüllen sollte. Daß man damals diese Bedeutung in ihrem vollen Umfang noch nicht erkannte, kann uns nicht wunder nehmen. Aber auch so hätte man sich wohl damit begnügen können, bedeutete doch die Befreiung der Herzogtümer vom dänischen Joch auch an sich die Erfüllung eines längst gehegten Wunsches. Es hat auch nicht gänzlich an Männern gefehlt, in denen der Gedanke sich mehr und mehr zur Klarheit durchrang, daß Preußen daran ginge, die Rolle zu spielen, die das Frankfurter Parlament ihm schon 1849 zugedacht hatte, und daß gerade Bismarck der starke und geniale Führer sei, der deshalb auch unterstützt werden müsse.

Aber diese Männer standen vereinzelt, im Allgemeinen verbohrte man sich immer mehr in Haß und Widerstand. Das preußische Parlament bildete leider das Musterbeispiel hierfür. Am 9. November 1863 ward der neue Landtag eröffnet. Sofort entstanden neue Kämpfe. Die verhaßte Preßordnung wurde von der Regierung zurückgezogen, sie betätigte also ihr Entgegenkommen, das sie in der Thronrede angedeutet hatte. In der Frage der Heeresreorganisation blieb sie allerdings unerbittlich, obwohl Bismarck zu einer gewissen Nachgiebigkeit geneigt war. Der König sträubte sich dagegen. Als dann zu Kriegszwecken eine Anleihe gefordert ward, lehnte das Abgeordnetenhaus diese glatt ab. Diesem Ministerium wollte man keinen Pfennig gewähren – der bezeichnende Standpunkt des Doktrinärs, wie ihn heute noch in Budgetfragen die Sozialdemokratie einnimmt – so mußte die Session wieder am 25. Januar 1864 ergebnislos geschlossen werden. Die Regierung nahm die Mittel, woher sie sie bekam. Der Krieg begann und brachte die wundervollen Siege von Düppel und Alsen – aber die Opposition blieb unbelehrbar. Auch die neue Session vom 14. Januar 1865 verlief erfolglos. Das Militärgesetz, das Budget, die Kriegskosten, die Kosten für eine Flottengründung wurden abgelehnt. Die Politik der Regierung aufs heftigste getadelt. So wurde auch sie am 17. Juni geschlossen. In der neuen Session, Januar 1866, wurde sogar die Angliederung Lauenburgs für rechtsungültig erklärt. Erst die Erfolge des Jahres 1866 sollten die Versöhnung bringen.

VIII.
Die deutsche Frage

Es könnte auf den ersten Blick scheinen, als ob die Befreiung Schleswig-Holsteins nur der Triumph einer klugen Eroberungspolitik sei. Tatsächlich bedeutete sie aber zugleich einen bedeutsamen Fortschritt in der deutschen Frage und mußte die Aufrollung dieser wichtigsten Angelegenheit unseres Volkes nach sich ziehen. Zum ersten Male seit 1813 hatten deutsche Waffen für deutsches Volkstum gekämpft und gesiegt. Viele Augen richteten sich wieder hoffend auf Preußen, das das Beste getan hatte, und auf seinen großen Staatsmann.

Der Friede von Wien hatte die Abtretung der Herzogtümer von den Dänen erzwungen. Die Sieger übernahmen gemeinschaftlich die Verwaltung. Das war ein Zustand, der unmöglich von Dauer sein konnte. Österreich konnte an diesem Besitz kein Interesse haben, er konnte nur, wie einst Belgien, eine lästige Fessel und eine dauernde Gefahr bedeuten. Es mochte aber auch dem alten Gegner die Früchte des Sieges nicht allein gönnen. So wäre ihm ein Tauschgeschäft am liebsten gewesen. Für eine Abtretung schlesischen Gebietes, wäre es bereit gewesen, Preußen die Herrschaft in Schleswig-Holstein zu überlassen. Aber König Wilhelm war in dieser Beziehung unbeugsam. So schlug Habsburg eine neue Bahn ein, richtiger es fiel auf eine Linie zurück, auf der es schon während der Londoner Konferenz gestanden hatte. Ein großer Teil des deutschen Volkes und des deutschen Bundes war der Meinung, der Krieg müßte das Ziel haben, einen neuen selbständigen Staat unter der Leitung des Augustenburgers zu schaffen. Diesen Gedanken begünstigte nun Österreich. Die preußische Regierung hatte den Gedanken an den Augustenburger seit der entscheidenden Unterredung dieses Fürsten mit Bismarck (cf. S. 101.) endgültig aufgegeben, dennoch ging der Minister auf die österreichischen Ideen ein und formulierte am 22. Februar 1865 die Forderungen, die Preußen aufstellen müßte, um in seinem Norden einen neuen Staat dulden zu können, der aus notwendigem Selbsterhaltungstrieb im Bunde stets ein Anhänger Österreichs, also ein Gegner Preußens gewesen wäre. Nach diesen Bedingungen wäre hier ein Staat entstanden, der militärisch und wirtschaftlich unbedingt an Preußen gebunden war, ein Staat, der einen bedeutenden Teil seiner Souveränitätsrechte auf Preußen übertragen hätte. Das hätte ein vollständiges Novum, geradezu eine Revolution im Bunde bedeutet. Es war der Weg, den Bismarck später bei der Gründung des norddeutschen Bundes beschritt, der Weg, der vom Staatenbund zum Bundesstaat führte. Österreich konnte sich solchen Forderungen nicht unterwerfen, um so weniger da

Bismarck in seiner Depesche wohl von den Interessen Preußens, Schleswig-Holsteins und Deutschlands sprach, die Interessen des Kaiserstaates aber mit keinem Worte berührte, also deutlich genug darauf hinwies, daß in der sich hier anbahnenden Neubildung für Österreich kein Platz sei. So lehnte Österreich ab und übertrug die Entscheidung über Schleswig-Holstein dem Bunde mit dem direkten Antrage den Augustenburger einzusetzen. Eine solche Herausforderung schien den Krieg herbeiführen zu müssen. In Berlin trat auch ein Kriegsrat zusammen; aber der König konnte noch zu keinem festen Entschluß kommen. Die mannigfachsten Einflüsse machten sich geltend; so wurde es möglich, daß schließlich durch persönliche Verhandlungen der Herrscher am 14. August 1865 in Gastein ein vorläufiger Ausgleich zustande kam. Danach trat jetzt eine Teilung der Herrschaft ein: Holstein erhielt Österreich, Schleswig ging in preußische Verwaltung über, während Lauenburg für eine Geldzahlung ebenfalls an die Krone Preußens fiel. Tatsächlich war so an der früheren Sachlage nicht viel geändert, die Reibungsflächen waren etwas verringert, aber nicht beseitigt. Allerdings bedeutete auch dieser Vertrag eine Niederlage Österreichs, das die Mittelstaaten, bei denen es soeben Anlehnung gesucht hatte, völlig enttäuschte und auch die Hoffnungen des deutschen Volkes vernichtete. Diese Teilung schien ja ein richtiges Stückchen alter Kabinettspolitik zu sein; angeblich, um die Zerreißung der Herzogtümer zu verhindern, waren die Großmächte in den Kampf gezogen, und nun zerstückelten sie das nationale Gebiet wie herrenloses Gut. Bei dem preußischen Junker, dem blutigen Reaktionär, erschien eine solche gewissenlose Handlungsweise nicht weiter wunderbar – aber Österreich. Es schädigte sich, ohne einen wirklichen Nutzen, die Risse im Bau aber waren nur verklebt, nicht beseitigt. Bismarck ist sich hierüber auch keinen Augenblick unklar gewesen; aber er mußte auf die Hemmungen am eigenen Hofe und in der Seele des Königs Rücksicht nehmen. Der König aber war dankbar, daß der seinem Herzen schmerzlichste Krieg vermieden schien. Er erhob am 16. September 1865 seinen Minister in den erblichen Grafenstand.

Nur zu bald zeigte sich, daß die Hoffnungen des Königs vergebliche waren. Österreich wechselte wieder seine Politik und begann die Umtriebe der augustenburgischen Partei in Holstein zu begünstigen. Die scharfen Proteste Bismarcks wurden ablehnend beantwortet. Der preußische Staatsmann war sich durchaus bewußt, dem Kriege entgegenzugehen, und traf alle Vorbereitungen. In gewissem Sinne arbeitete er sogar auf den Ausbruch hin. Von Napoleon gewann er in persönlichen Verhandlungen die Überzeugung, daß dieser einen Kampf von Preußen und Italien gegen Österreich nicht hindern würde. Italien kam im letzten Augenblick selbst den preußischen Wünschen entgegen. Am 8. April 1866 kam es zu einem Kriegsbündnis zwischen beiden Mächten, die durch die Ähnlichkeit ihrer Interessen auseinander angewiesen waren. Beide wurden durch Österreich an einer naturgemäßen, nationalen Ausbreitung gehindert. Was war natürlicher, als daß beide in gemeinsamem Kampfe ihr Ziel zu erreichen suchten?

In diesem Augenblick trat Bismarck an den Bund mit einem Vorschlag heran, der den Bruch unvermeidlich machen mußte, und der, fast gleichzeitig in den Zeitungen veröffentlicht, blitzartig die völkische Bedeutung des bevorstehenden Kampfes beleuchtete. Der Bund, der in der dänischen Frage seine Machtlosigkeit bewiesen hatte, sollte sich eine neue Verfassung geben; aber nicht die Regierungen allein sollten über sie entscheiden, sondern auf Grund ihrer Vorschläge ein auf direkter und allgemeiner Wahl beruhendes deutsches Parlament. Da zur Begründung dieses Antrags auch auf den Dualismus zwischen Österreich und Preußen hingewiesen wurde, war es klar genug angedeutet, wohin Bismarcks Gedanken zielten.

Die Nachricht von diesem Vorgehen schlug wie ein Blitz in das deutsche Volk. Die Regierungen konnten freilich wenigstens zum Teil, nur beunruhigt und wieder näher an Österreich herangedrängt werden. Aber weiten Kreisen des Volkes wurde es doch klar, daß die deutsche Frage entschieden werden sollte. Hatte man nicht den als reaktionär verschrieenen Junker falsch beurteilt? Man begann zu ahnen, daß sein Kampf gegen das preußische Abgeordnetenhaus, das ihm die Waffe aus der Hand winden wollte, eine Notwendigkeit war. Dieses selbst blieb allerdings noch halsstarrig. Als Bismarck seinen Antrag stellte, hallte Deutschland schon wider von Kriegsgeschrei. Die Mobilmachungen hatten schon begonnen. Dennoch wurde der Ausbruch noch bis in den Juni hinein durch allerlei Verhandlungen verschoben. Schließlich kam die Entscheidung von Österreich. Am 1. Juni stellte der Donaustaat dem Bunde die Entscheidung über die Elbherzogtümer anheim. Das bedeutete den Bruch des Gasteiner Vertrages. Trotz des preußischen Protestes berief Gablenz, der österreichische Gouverneur in Holstein, am 5. Juni die holsteinischen Stände, um über die gleiche Frage zu beraten. Da ließ Preußen am 7. Juni Truppen in Holstein einrücken, vor denen Gablenz das Land räumen mußte. Fast gleichzeitig wurden dem Bund nun die Grundzüge für eine Bundesreform überreicht, die den Ausschluß Österreichs beantragte. Dieses antwortete mit dem Antrage auf Mobilmachung der Bundesarmee gegen Preußen. Da der Antrag unter Mißachtung aller vorgeschriebenen Formen angenommen wurde, erklärte Preußen den Bund für aufgehoben, forderte aber gleichzeitig zur Bildung eines neuen Bundes auf. Das bedeutete den „Bruderkrieg".

Bismarcks Vorgehen zeigt auch in diesem diplomatischen Kampfe eine solche Konsequenz und Zielbewußtheit, verbunden mit einer erstaunlichen Energie und doch Mäßigung, daß wir heute uns nur wundern können, wie wenig Verständnis die eigene Zeit diesem großen Manne entgegenbrachte. Unsere Bewunderung steigt noch, wenn wir bedenken, mit welchen Schwierigkeiten der große Staatsmann an seinem eigenen Hofe zu kämpfen hatte. Gegen diesen Krieg sträubte sich auch Wilhelms I. Gefühl aufs heftigste, auch die konservativen Kreise wollten von einem Kampfe gegen Österreich nichts wissen, und die Bundesreform-Vorschläge mußten ihnen fast revolutionär erscheinen. Selbst in Offizierskreisen ging man ohne Freude in den Krieg, der gegen die alten Kampfgenossen von 1813 und 1864 gerichtet sein sollte. Den fanatischen Haß, der damals noch in gewissen Kreisen gegen Bismarck herrschte, zeigte das Attentat, das am 7. Mai 1866 der jüdische Student Ferdinand Cohen verübte. Nur wie durch ein Wunder entging der Retter

Deutschlands damals dem Tode. Aber Bismarck ließ sich durch nichts aus seiner Bahn bringen, jedes Hindernis wurde unter seinen Händen nur zum Sprungbrett zu einem weiteren Schritte vorwärts, wenn er auch unter diesen Hemmungen aufs schwerste gelitten hat. Gerade der Vergleich mit dem haltlos hin und herschwankenden Österreich zeigt die wunderbare Harmonie in Bismarcks Handlungsweise, der seinen Weg nie festlegt, seine Ziele aber unverrückt im Auge behält: Preußens Macht und Deutschlands Größe!

Am 22. Juni überschritten die preußischen Truppen die Grenzen Österreichs. Am 3. Juli fiel bei Königgrätz die blutige Entscheidung. Welche Gefühle mögen an jenem Tage in der Brust des großen Mannes gewühlt haben, als er auf seinem riesigen Fuchswallach neben seinem Könige hielt und Stunde auf Stunde dahin ging, ehe sich das Nahen der kronprinzlichen Armee bemerkbar machte. Unmittelbar vor seiner Abreise auf den Kriegsschauplatz hatte er zu dem englischen Gesandten Loftus es ausgesprochen, daß er entschlossen sei, bei dem letzten Angriff zu fallen, falls sich die Entscheidung gegen Preußen wende. Er war der Mann, sein Wort wahr zu machen; denn er wußte es: er hatte diesen Krieg gewollt und – in gewissem Sinne – ihn herbeigeführt. Ihn traf die Verantwortung, und er war bereit, sie auf sich zu nehmen, so weit das in der Macht eines Sterblichen liegt. Hier liegt auch die Tragik im Leben dieses Helden. In den Augenblicken, in denen sein Werk auf die Spitze des Schwertes gestellt ist, muß er es anderen anvertrauen und untätig beiseite stehen.

Aber seine Rechnung auf die Stärke Preußens war richtig gewesen. Der wunderbarste Sieg krönte sein Werk, doch seine Größe wächst mit dem Siege. Als Moltke am 3. Juli dem Könige meldete: „Eure Majestät haben nicht bloß die Schlacht, sondern den Feldzug gewonnen," fügte Bismarck hinzu: „Ja, die Streitfrage ist also entschieden; *jetzt gilt es, die alte Freundschaft mit Österreich wieder zu gewinnen.*" Die ganze Politik Deutschlands bis zum heutigen Tage liegt in diesen Worten beschlossen. Es zeugt von einer Besonnenheit, wie sie kein zweiter Staatsmann in der Weltgeschichte nach einem solchen Siege bewiesen hat. Nicht Kriegslust, das beweist dies Wort, hat Bismarck in seine Politik hineingetrieben, nicht der Wunsch der inneren Schwierigkeit durch äußere Erfolge Herr zu werden, sondern die Erkenntnis der bitteren Notwendigkeit des Krieges.

Was Bismarck auf dem Schlachtfelde zu seinem Könige gesagt, waren nicht Worte einer augenblicklichen Stimmung, sie wurden zur Tat, zur Tat in schweren Kämpfen gegen seinen greisen König. Es ist bekannt, daß er ihm den Friedensschluß aufzwingen mußte, und daß nur das Eintreten des Kronprinzen, den die Ereignisse endlich mit dem großen Minister versöhnt hatten, ihm den Sieg in dem nervenzerreibenden Kampfe ermöglichte. Der Friede von Nikolsburg (26. Juli 1866 Vorfriede zu Nikolsburg, 23. August Friede zu Prag) bedeutet vielleicht die größte politische Tat Bismarck. Sein König aber schrieb an den Rand des Entwurfs: „Nachdem mein Ministerpräsident mich vor dem Feinde in Stiche läßt, und ich hier außerstande bin, ihn zu ersetzen, habe ich die Frage mit meinem Sohne erörtert, und da sich derselbe der Auffassung des Ministerpräsidenten angeschlossen hat, sehe ich mich zu meinem Schmerze gezwungen, nach so glänzenden Siegen der Armee in diesen sauren Apfel zu beißen und einen so schmachvollen Frieden anzunehmen.[24] Dieser „schmachvolle" Frieden schonte Österreich, das nur Venetien an Italien abtrat, schonte auch Süddeutschland, machte aber Preußen den Weg zu den Annexionen in Norddeutschland frei. So wurde es zum Herrscher im Norden und zum Begründer des Norddeutschen Bundes, aus dem sich in fünf Jahren unser einiges deutsches Reich entwickeln sollte.

Der Realist Bismarck stellte beim Abschluß des Friedens von Nikolsburg nicht die Frage: Was kann ich unter den gegebenen Verhältnissen günstigsten Falles erreichen? Er fragte: Was muß ich unbedingt erhalten, um auf meinem Wege weiter zu kommen?

Man kann es dem Soldaten Wilhelm und seinen militärischen Ratgebern nicht verdenken, daß sie eine Abtretung österreichischen Gebietes

---

[24] „Gedanken und Erinnerungen". S. 67. Dieses Marginal bildet eine historische Streitfrage. cf. „Gedanken und Erinnerungen". S. 62. Anm.; cf. auch Egelhaaf, „Bismarck" S. 184.

und den Einzug des siegreichen Heeres in die feindliche Hauptstadt wünschten; aber militärischer Stolz darf in politischen Fragen, die über das Wohl und Wehe von Völkern entscheiden, nicht den Ausschlag geben. Hat Deutschland an dem Besitz eines österreichischen Landes ein Interesse? Die Frage muß auch heute noch verneint werden. Es hätte eigentlich nur Böhmen in Frage kommen können, und was sein Besitz uns gebracht hätte, zeigen die Vorgänge in Österreich während der letzten Jahre. Dagegen haben wir an einem befreundeten und starken Österreich das größte Interesse, und damit ein solches bleibe, muß es unser Wunsch sein, das deutsche Element in dem Donaustaat mächtig zu erhalten. Alldeutsche Phantasien klingen vom naiv-nationalen Standpunkt aus wunderschön, im Lichte der Wirklichkeit betrachtet, ist ihre Erfüllung aber nicht einmal wünschenswert. Sie würden den Zerfall Österreichs bedeuten und uns damit einer starken und notwendigen Stütze im Südosten berauben, die wir bitter nötig haben, um den Druck auf unsere Ostgrenze zu erleichtern.

Als Ungerechtigkeit empfand Wilhelm I. das Vorgehen im Norden. Bismarck aber hatte den norddeutschen Fürsten unmittelbar vor dem Kriege die Garantie ihrer Besitztümer angeboten. Die einzigen Gegenforderungen hießen: Neutralität und Zustimmung zur Berufung eines Volksparlaments. Bescheidener konnte man nicht sein. Die Verweigerung dieser Forderungen hatte bewiesen, daß diese Fürsten für Preußen eine Gefahr sein *wollten*. So wurden sie hinweggefegt, und Preußen erhielt die Stellung, die es wirklich zum führenden Staat in Deutschland machte, mit dem kein anderer wetteifern konnte. Irgendeiner Sentimentalität gab Bismarck hier allerdings nicht Raum. Die gab es für ihn nicht. Schon 1861 hatte er von Petersburg an Roon geschrieben: „Ich bin meinem Fürsten treu bis in die Vendée; aber gegen die andern fühle ich in keinem Blutstropfen eine Spur von Verbindung, den Finger für sie aufzuheben."

Neben diesen Erwägungen war für Bismarck die Furcht vor französischer Einmischung zu seinem Maßhalten bedingend. Der Ausdruck „Furcht" ist eigentlich zu viel sagend. Immerhin ist es wohl unzweifelhaft, daß der Versuch einer französischen Einmischung, verbunden mit dem Ausbruch der Cholera im preußischen Heere nicht ohne Einfluß auf Bismarcks Mäßigung geblieben ist. Aber wie dem auch sei: Die Tatsache steht doch fest, daß der Friede von Nikolsburg eine Großtat des Weitblicks und der Mäßigung unseres großen Staatsmannes bedeutet, wie ihn die Geschichte nicht zum zweiten Male kennt.

Eine zweite ähnliche Handlung sollte unmittelbar folgen und auch auf dem Gebiete der inneren Politik die Sophrosyne Bismarcks beweisen. Am 3. Juli, dem Tage von Königgrätz, waren in Preußen die Neuwahlen zum Landtag erfolgt. Sie standen unter dem unmittelbaren Einfluß der großen Waffenerfolge und brachten endlich der Regierung die ersehnte, sichere Mehrheit. 140 Konservative zogen in das Haus der Abgeordneten ein. Es fehlte nicht an Stimmen, die den Augenblick für geeignet hielten, die Verfassung zu beseitigen. Wer wollte leugnen, daß dies damals möglich gewesen wäre, wer wollte es verkennen, daß für den König die Versuchung nahe gelegen habe? Auch ihm hat ja jenes Schriftstück Friedrich Wilhelms IV. vorgelegen, von dessen Existenz wir erst kürzlich unterrichtet sind, das geradezu zur Beseitigung der Verfassung aufforderte, und das erst Wilhelm II. hochherziger Weise hat vernichten lassen. König und Minister aber dachten gar nicht daran, diesen Weg zu gehen, der Preußen die Sympathien Deutschlands entzogen hätte. Bismarck ging noch weiter. Er sah den Augenblick gekommen, eine wirkliche Versöhnung mit dem Parlament herbeizuführen. Die Kriege hatten bewiesen, daß die Regierung mit der Heeresreorganisation den richtigen Weg gegangen war, daß ihr Vorgehen einer Notwendigkeit der Zeit entsprochen hatte. Bisher hatte Bismarck gerade dem Abgeordnetenhaus gegenüber immer den Standpunkt vertreten, das Vorgehen der Regierung habe auch dem Buchstaben des Gesetzes, der Verfassung entsprochen. Er hatte die berühmte „Lücke in der Verfassung" entdeckt. In der Reorganisationsfrage, mit der das Budget ja aufs engste verknüpft war, waren Regierung und Herrenhaus in Übereinstimmung gewesen; das Abgeordnetenhaus hatte dagegen jedes Entgegenkommen abgelehnt. Für einen solchen Fall schrieb die Verfassung nichts vor. Sie fordert eben Übereinstimmung aller 3 Faktoren. Bismarck folgerte nun: Da das Staatsleben nicht still stehen kann, habe die Regierung das Recht, ja die Pflicht, in ihrem Sinne vorzugehen. Logisch läßt sich gegen diese Lehre kaum etwas einwenden, praktisch aber bedeutet sie fast die Aufhebung der Verfassung, in deren Sinn eine derartige Majoritätsrechnung bei dem Einfluß, den die Regierung auf die Zusammensetzung des Herrenhauses auszuüben vermag, nicht liegen kann. Im Kampf aber waren Bismarck alle Mittel recht. Der gleiche Mann jedoch, der im Kampf oft genug mit Hohn jede Versöhnung zurückgestoßen hatte, als Sieger bot er die Hand zum ehrlichen Frieden. Im Kampf gegen alle früheren Gesinnungsgenossen setzte er es endlich beim Könige durch, daß schon in der Thronrede die Erklärung abgegeben wurde, die Regierung würde vom Abgeordnetenhaus Indemnität für die budgetlose Regierung verlangen. Das bedeutete das Zugeständnis der Gesetzlosigkeit jenes Zustandes. Indem aber das Parlament die Indemnität bewilligte, erkannte es die sachliche Berechtigung des Vorgehens der Regierung an. So gab es in diesem Kampfe weder Sieger noch Besiegte. Was sich in den Tagen des Kampfes an Verbitterung angehäuft hatte, das wurde im Jubel des Sieges restlos hinweggeschwemmt. Der gehaßte Junker ward „unser Bismarck".

IX.
Deutschland einig, frei und stark

Schon unmittelbar nach der Schlacht bei Königgrätz hatte Napoleon einzugreifen versucht. Napoleons Vorgehen hatte damals aber nur Unbequemlichkeiten für ihn zur Folge. Italien war empört, daß es Venetien als Gnadengeschenk aus Napoleons Hand empfangen sollte, Österreich nicht befriedigt, weil Napoleon nicht direkt eingreifen wollte, Süddeutschland sah sich von Österreich verlassen und dem Erbfeind ausgeliefert, Preußen war entrüstet, daß ihm der Siegespreis geschmälert werden sollte, und Europa, besonders Rußland, fanden es unerhört, daß der Usurpator in Paris den Schiedsrichter in Europa spielen wollte. Zu ei-

nem Kriege war Frankreich im Augenblick nicht fähig. „Das Mauser-
gewehr Preußens hatte soeben seine ungeheure Überlegenheit bewiesen,
das französische Heer war aber noch nicht mit Hinterladern ausgerüstet,
das Pferdematerial genügte in keiner Weise, und noch immer wurden
30000 Mann in Mexiko festgehalten und bedurften dauernder Nach-
schübe und Unterstützungen, um sich halten zu können. Es war ein ge-
fährliches Spiel, das Napoleon mit seiner Einmischung wagte, und so
war er froh, als Preußen im Allgemeinen auf seine Vorschläge einging
und kümmerte sich nicht weiter um die Bedingungen in ihren Einzelheiten. Doch das Geschrei „Rache für Sadowa"[25] wollte in Paris nicht ver-
stummen. Offenbar unter dem Druck der öffentlichen Meinung entschloß man sich in Paris im August zu einem neuen Schritt. Am 4. August waren Wilhelm I. und Bismarck in Berlin eingetroffen, am 5.
erhielt der große Staatsmann ein Schreiben Benedettis, in dem dieser für
Frankreich eine Reihe von Kompensationen verlangte, die aus Gebieten
der süddeutschen Staaten bestehen sollten. Der eigentliche Urheber
dieser Forderungen war der Minister Drouyn de l'Huys; der Kaiser war
damals schwer leidend. Die endgültige Antwort erteilte Bismarck am
Abend des 7. August. Er lehnte die französischen Forderungen im Namen seines Herrn unbedingt ab und drohte mit einem Kriege, in dem
ganz Deutschland wie ein Mann gegen Frankreich aufstehen würde. Vor
einem Aufrufen revolutionärer Gewalten brauchten die deutschen Fürsten nicht zurückzuschrecken, wohl aber Napoleon. Und wieder wich
der Kaiser der Franzosen zurück. Benedetti mußte in Berlin erklären,
man möge jenen Vorschlag als ungeschehen betrachten. Der desavouier-
te Drouyn wurde am 12. August in Gnaden seiner Ämter enthoben.

Aber diese Vorgänge zeigten doch klar, wie der Wind in Paris wehte.
Jedem Einsichtigen mußten sie es klarmachen, daß von Westen her der
Einigung Deutschlands ein Hindernis drohte. Darüber war sich Bismarck natürlich längst klar. Ein Meisterstück aber war es wieder, wie er
gerade diese Gefahr benutzte, um der Einheit einen Schritt näher zu
kommen. Den Südstaaten war es freigestellt worden, eine vom Nord-

---

[25] So nennen die Franzosen die Schlacht bei Königgrätz.

deutschen Bunde unabhängige Vereinigung zu schließen. Dies hätte eine Vormachtstellung Bayerns im Süden herbeiführen müssen. Das konnte nicht in Württembergs Sinne sein. Ein Alleinstehen hätte es aber Frankreich ausliefern müssen. So schloß es mit Preußen einen billigen Frieden und gleichzeitig für den Kriegsfall ein geheimes Schutz und Trutzbündnis, das seine Truppen im Kampfe dem Oberbefehl Wilhelm I. unterstellte. Diesem Beispiel folgte Baden. Bayern gegenüber verlangte Bismarck zunächst eine größere Gebietsabtretung[26] und eine bedeutende Kriegsentschädigung. Als Bayerns Minister diese Bedingungen für sehr hart erklärten, änderte der Preuße Sprache und Ton. Er eröffnete dem Bayern das Ansinnen Benedettis, das er ihm im Original vorlegen konnte, und erklärte ihm, Preußen sei bereit, auch mit Bayern unter ähnlichen Bedingungen, wie mit den beiden anderen Südstaaten abzuschließen. So ward wenigstens für den Kriegsfall ganz Deutschland von *einem* Band umschlungen. Die gleiche unglaubliche Unvorsichtigkeit Benedettis, eine solche Äußerung dem Gegner schriftlich in die Hand zu geben, sollte 1870 noch einmal zu einer furchtbaren Waffe in Bismarcks Hand werden.

Die vorläufige und teilweise Einigung Deutschlands fand im Norddeutschen Reichstag, der am 24. Februar 1867 zusammentrat, ihre gesetzmäßige Weihe. Am 16. April wurde die von Bismarck entworfene Verfassung mit geringfügigen Änderungen angenommen. Ein näheres Eingehen auf die betreffenden Verhandlungen verbietet sich hier von selbst. Die Verfassung lehnte sich in wichtigen Punkten an die 1848/49 von der Frankfurter Versammlung ausgearbeitete an und die des einigen Deutschen Reiches übernahm mit geringfügigen Änderungen die des Norddeutschen Bundes. Daß auch hierbei mancherlei Schwierigkeiten auftauchten, war nur natürlich. Aber Bismarck appellierte jetzt nicht mehr vergeblich an den Opfermut und Patriotismus der Parteien. Die Stellung des Bundeskanzlers war aber auch günstig. Unter dem Eindruck der Siege und der Erkenntnis der Genialität des großen Kanzlers hatte sich das Bewußtsein ausgebreitet, daß der nationale Fortschritt nur

---

[26] Bayreuth.

mit Unterstützung dieser Regierung zu erreichen sei. So hatten sich von der Fortschrittspartei die gemäßigten Elemente abgetrennt, und am 26. September 1866 war die nationalliberale Partei begründet worden, die in den nächsten Jahren eine ausschlaggebende Rolle spielen sollte. In ähnlicher Weise war in konservativen Kreisen die Notwendigkeit eines maßvollen Fortschritts erkannt worden; so spaltete sich hier die freikonservative Partei ab, die sich später als deutsche Reichspartei bezeichnete. So war Deutschland durch gemeinsame Arbeiten der Regierungen und Parlamente „in den Sattel gesetzt" (Rede vom 11. März 1867) worden, seine Fähigkeit zu reiten, sollte es bald erweisen müssen.

Sehr unrichtig aber wäre es, anzunehmen, als ob es in diesen Jahren an Schwierigkeiten gefehlt hätte. Bismarck war unter den ungeheuren Anstrengungen und Aufregungen fast unmittelbar nach dem Kriege zusammengebrochen. Erst nach wochenlangem Siechtum in Rügen war er soweit, daß er die Geschäfte wieder persönlich leiten konnte. Die Kämpfe aber hielten an, und zu voller Frische gelangte der Graf in den ganzen folgenden Jahren nicht. Der Partikularismus in den Südstaaten erhob von neuem sein Haupt, wagte es doch 1868 der Großherzog von Hessen, den General Ducrot direkt aufzufordern, Frankreich möge den Kampf beginnen, ja er bot ihm den linksrheinischen hessischen Besitz an, falls ihm Entschädigung auf Kosten Badens garantiert würde. Auf der anderen Seite bedrängte der Unitarismus der Liberalen Bismarck. Er wollte den Bundesstaat, in dem Preußen die stärkste und tragende Macht wäre; aber der Bestand der einzelnen Staaten sollte nicht gefährdet werden. Jene aber wollten die Staaten nur dem Namen nach bestehen lassen und ein festes Band durch ein dem Parlament verantwortliches Ministerium um Norddeutschland winden. Auch drängten sie auf Anschluß Süddeutschlands, während der große Staatsmann das Gewonnene in Ruhe ausbauen wollte. Selbst das Angebot Badens (18. November 1867) lehnte er ab. Er wollte die Dinge reifen lassen.

Dennoch ward durch die Gründung des Norddeutschen Bundes, den Ausbau der Wehrmacht mit Einschluß Süddeutschlands und durch die Neubegründung des Zollvereins, der im Zollparlament eine einheitliche Vertretung erhielt, die deutsche Einheit Schritt für Schritt vorwärts geführt.

Das Zögern Bismarcks erklärt sich aber auch nicht nur durch seinen preußisch-dynastischen Standpunkt, sondern fast noch mehr durch die dauernden auswärtigen Gefahren. Österreich, unter der Leitung des Grafen Beust, wartete auf den Augenblick der Rache, Rußland war über die erstaunlichen Erfolge Preußens auch nicht übermäßig beglückt, ähnlich war die Stimmung in England, und Frankreich empfand die Niederlage Österreichs wie eine ihm selbst zugefügte Schmach. Napoleon fühlte seinen Thron wanken. So versuchte er 1867 einen neuen Vorstoß. Er verlangte die Einwilligung Preußens zur Abtretung Luxemburgs an Frankreich. Bismarck hätte vielleicht eingewilligt, wenn man ihn vor ein *fait accompli* gestellt hätte. Das geschah nicht. Der Plan wurde bekannt, und nun erhob sich ein nationaler Entrüstungssturm in Deutschland. Unter diesen Umständen konnte die preußische Regierung nicht mehr in die Abtretung eines deutschen Landes an den Erbfeind willigen, selbst wenn sie gewollt hätte. Wieder mußte Napoleon zurückweichen. Ein Kongreß erklärte Luxemburg für neutral, Preußen zog seine Besatzung aus der Festung zurück. Nicht Furcht hatte Bismarck verhindert, den hingeworfenen Handschuh aufzunehmen. „Ein Appell an die Furcht vor dem Ausland," so erklärte er am 18. Mai 1868 im Zollparlament, „findet in deutschen Herzen niemals ein Echo." In direktem Bezug auf die Luxemburger Frage aber erklärte er auf einem seiner parlamentarischen Bierabende: „Ich bin eine lange, schwere Woche – sie hat aber von Dienstag bis Freitag gedauert – über der Frage des Krieges mit Frankreich gesessen. Nicht die Möglichkeit einer Niederlage war es, was mich beschäftigte – denn Moltke hatte versichert, daß wir siegen werden. Aber die Frage war zu entscheiden, ob wir Krieg mit Frankreich anfangen sollten, selbst im Falle der Gewißheit oder höchsten Wahrscheinlichkeit des Sieges. Diese Frage haben wir verneint und uns entschlossen, den Krieg nur zu führen, wenn wir dazu gezwungen würden. Wir haben all die ungeheuren Verluste, all den Jammer und das Elend in den Tausenden von Familien erwogen. Ja, meine Herren, schauen

Sie mich immer groß an, meinen Sie, ich habe nicht auch ein Herz? Glauben Sie mir, ich habe ein Herz, das genau so fühlt, wie das Ihrige. Krieg bleibt immer Krieg – das Elend der vom Kriege aufgesogenen Länder, all der Jammer der Witwen und Waisen – das ist alles so schrecklich, daß ich für meine Person nur im alleräußersten Notfalle zu diesem Mittel greife."

Erspart sollte ihm dies alleräußerste Mittel nicht bleiben. Wer aber solche Worte Bismarcks kennt, für den sollte das alberne Märchen von der Fälschung der Einser Depesche erledigt sein.

Seit dem Jahre 1868 schwebte die Frage der Thronfolge in Spanien. Nach verschiedenen anderen vergeblichen Versuchen, einen geeigneten Kandidaten zu finden, wandten sich die führenden Männer Spaniens an den Erbprinzen Leopold von Hohenzollern-Sigmaringen. Auch bei ihm fanden sie zunächst keine Gegenliebe. Da nahm sich Bismarck mit Eifer der Sache an. Er war der Meinung, der Hohenzoller dürfe sich einem solchen Rufe nicht entziehen. Er erhoffte, für Deutschland würden sich wirtschaftliche Vorteile aus der neuen Situation ergeben. Daß Napoleon einen Hohenzoller in Spanien allerdings nicht gern sehen würde, war ihm klar. Doch rechnete er damit, daß sich der Kaiser mit der vollendeten Tatsache abfinden würde, und daß die Unsicherheit, welche Stellung Spanien in einem deutsch-französischen Kriege unter einem Hohenzollern einnehmen würde, ihn eher friedlich stimmen könnte. Es waren also defensive Absichten, die Bismarck zu seinem Verhalten bestimmten. Er vermied es deshalb auch ängstlich, die preußische Regierung offiziell in die Verhandlungen hineinzuziehen, sondern suchte den Schein aufrecht zu erhalten, daß es sich lediglich um eine Familienangelegenheit handle. Durch einen unglücklichen Zufall erfuhr aber am 3. Juli durch eine Depesche der Agentur Havas, Paris von der beabsichtigten Wahl Leopolds – und der Sturm einer sinnlosen nationalen Erregung brach los. Es kann keinem Zweifel unterliegen, daß Napoleon selbst den Krieg gern vermieden hätte, aber der kranke Cäsar war dem Sturm der Volkswut und dem Drängen seiner Minister nicht gewachsen. Der Minister Gramont, sicher gemacht durch die Erklärung des Kriegsministers Leboeuf,

daß die Armee „*archi–prêt*" (erzbereit) sei, arbeitete auf eine Demütigung Preußens hin. Seine Reden bedeuteten fast eine Kriegserklärung.
Die Forderungen, die Benedetti in Ems dem greisen König übermitteln
mußte, waren Beleidigungen. Da die Regierung in Berlin jeden Zusammenhang mit der Hohenzollernkandidatur formell durchaus mit Recht
ableugnete, so versuchte Frankreich sein Glück bei dem friedliebenden
König. Auch er erklärte die Kandidatur für eine reine Privatsache des
Hauses Hohenzollern-Sigmaringen. Indem er aber den Botschafter
zweimal empfing, der – was allerdings Wilhelm nicht wußte – direkt
den Auftrag hatte, nicht mit den Hohenzollern-Sigmaringen zu verhandeln, wurde die Angelegenheit zu einer Streitfrage zwischen Frankreich
und Preußen gestempelt. Als nun Erbprinz Leopold seine Kandidatur
freiwillig, damit ein Krieg vermieden würde, zurückzog, mußte dies
jetzt als ein Rückzug Preußens erscheinen. „*La Prusse caue*" – Preußen
duckt sich – so schallte es aus dem Blätterwald von Paris nach Deutschland herüber. Bismarck, der sich in Varzin befunden hatte, war über
Berlin nach Ems aufgebrochen, um den König zu unterstützen. In Berlin
erreichte ihn die Nachricht von Leopolds Verzicht. Er war über die
Nachgiebigkeit des Königs und die Verzichtleistung Leopolds so nie-
dergeschmettert, daß er die Weiterreise nach Ems als zwecklos aufgab.
Die Angelegenheit schien abgemacht: *La Prusse caue* – er selbst war
aber auch entschlossen, seinen Abschied zu nehmen. Die Verantwortung
für eine solche Politik wollte er nicht übernehmen. Die Ehre Preußens
als Friedenspreis war zu hoch.

Da gab Gramont der Sache eine neue Wendung. Der Verzicht Leopolds genügte dem stolzen Sieger nicht mehr. Am 13. Juli mußte Benedetti an den König die unerhörte Forderung stellen, „Wilhelm I. solle
sich für alle Zukunft verpflichten, niemals wieder seine Zustimmung zu
geben, wenn die Hohenzollern auf ihre Kandidatur zurückkämen." Die
Antwort war eine Ablehnung. Weitere direkte Verhandlungen wies der
König ab, ließ dem Gesandten nur noch durch seinen Adjutanten die
Mitteilung von der definitiven Ablehnung der Thronkandidatur durch
die Hohenzollern zugehen. In Paris hatte inzwischen eine friedlichere

Stimmung Platz gegriffen. Ein Ministerrat hatte am selbigen 13. Juli beschlossen, auf der Garantieforderung nicht zu bestehen. Aber es war zu spät. Der König hatte sofort an Bismarck die Vorgänge in Ems vom 13. Juli telegraphieren lassen, mit der Ermächtigung, die Depesche zu veröffentlichen. Ein Befehl war es nicht; aber Bismarck ergriff mit Freuden die Gelegenheit, die Niederlage wett zu machen. In Gegenwart von Roon und Moltke kürzte er die Depesche, ohne an den Tatsachen etwas zu ändern, selbst die Worte behielt er bei. Mit anderen Worten, er redigierte die für die Öffentlichkeit bestimmte Depesche, wie es sein Recht, ja seine Pflicht als Minister des Auswärtigen war. So wenig der Sinn und die Tatsachen geändert waren, so sehr war der Ton ein anderer geworden –und der Ton macht die Musik. Moltke und Roon, die vorher „Speise und Trank verschmäht" hatten, atmeten auf. „So hat das einen anderen Klang", bemerkte Moltke, „vorher klang es wie eine Ehamade, jetzt wie eine Fanfare in Antwort auf eine Herausforderung." Noch in der gleichen Nacht vermittelte der Draht *diese* Emser Depesche den Zeitungen und Gesandtschaften. Der Stein war im Rollen. „Das ist der Krieg," rief der König entsetzt aus, als er die Depesche erhielt. Er war es, und jetzt sollte er es sein. „Mein Lieber, Sie sehen einen Mann, der eine Ohrfeige erhalten hat," sagte Gramont zu Ollivier am 14. Juli nach Empfang der Depesche. Die schwächlichen Versuche Napoleons, dem Verhängnis auch jetzt noch zu entgehen, mißglückten. „Die Bewegung in Heer und Volk war so stark, daß keine Regierung, die für den Frieden war, hätte Bestand haben können." „Der Entschluß zum Kriege kam aus den Eingeweiden des Landes."

Mit welcher Begeisterung der Kampf im deutschen Volke aufgenommen wurde, braucht hier nicht geschildert zu werden. Man fühlte es, dieser Krieg mußte „mit Blut und Eisen" jahrhundertealte Schmach lösen, mußte die ersehnte Einheit unlöslich zusammenschmieden. Und dieser gerechteste aller Kriege wurde der glorreichste, den ein Volk je geführt. Weißenburg und Wörth, Metz und Sedan, Orleans und Paris – und all die anderen Namen – deutscher Heldenmut, deutsche Manneszucht, deutsche Zähigkeit haben sie unsterblich gemacht! Und fast tragisch berührt es, daß der Mann, dem trotz Roon und Wilhelm I. das Heer seine Kraft und Größe verdankte, daß Bismarck in diesen Tagen beiseite stehen mußte. Die Militärs hatten es ihm nicht verziehen, daß 1866 sein Rat bei der Frage der Erstürmung der Floridsdorfer Befestigungen (cf. S. 54) den Ausschlag gegeben hatte, und daß er der Armee nicht die Möglichkeit zum siegreichen Einzug in die feindliche Hauptstadt gelassen hatte. Wir sind durch Busch über Bismarcks Stimmungen während der Feldzugsmonate eingehend unterrichtet und wissen, daß seine Klagen über die Zurücksetzung durch die Militärs nicht abrissen. Aber nicht nur persönlich kränkend mußte dieses Verhältnis für ihn sein, auch sachlich bedeutete es eine ungeheure Erschwerung seiner Tätigkeit. „Der Krieg ist die gewaltsame Fortsetzung der Politik," daraus folgt unmittelbar, daß die Politik während des Krieges nicht ausgeschaltet werden darf. Bismarck mußte genau über die militärischen Ereignisse und Absichten unterrichtet sein, um die nicht abreißenden politischen Verhandlungen führen, um den geeigneten Moment für den Friedensschluß erkennen zu können. Kurzsichtigkeit und Undankbarkeit waren es, die dem großen Staatsmann unnötig das Leben erschwerten, ihm sogar häufig ganz ungenügende Quartiere zuwiesen. Dabei war von ihm ein unzulässiges Übergreifen in das militärische Ressort nicht zu befürchten. Es war der gleiche Mann, der 1864 an Roon eine militärisch sehr richtige Anfrage richtete und bescheiden hinzusetzte: „Verzeihen Sie mir diese Majorsbetrachtungen."

Die politischen Fragen, mit denen der große Staatsmann während des Krieges zu tun hatte, kann man unter drei Stichworten zusammenfassen: Die Neutralen, die Friedensfrage und die Einigung des Reiches.

Zunächst drohte von der Seite der Neutralen wenig Gefahr. Die ersten wuchtigen Schläge zeigten Österreich und Italien, die beide nicht übel Lust gehabt hatten, auf Frankreichs Seite zu treten, daß es besser sei, die Finger davon zu lassen. Bei ihnen waren unsere Waffen die besten diplomatischen Vertreter. Rußland stand uns im großen und ganzen freundlich gegenüber, obwohl auch hier die überraschenden Erfolge allmählich Unbehagen hervorriefen, besonders der Staatskanzler Gortschakow suchte eine Einmischung herbeizuführen, sie scheiterte aber an dem Zaren Alexander II. England gönnte den Franzosen ihre Niederlagen und mißgönnte uns unsere Siege. Über Noten und Ratschläge kam man aber nicht hinaus. Drohender wurde die Lage, als sich die Belagerung von Paris monatelang hinzog und die Situation der deutschen Heere zeitweise nicht gefahrlos erschien. Aber auch diese Gefahren wurden durch die Erfolge unserer tapferen Armeen und durch Bismarcks entschiedene Klugheit überwunden.

Schon Mitte September hatte Bismarck den verschiedenen Regierungen mitteilen lassen, eine Einmischung der Neutralen werde nur die Widerstandslust der Franzosen stärken und so den Krieg verlängern, ohne an seinem Endresultat etwas zu ändern. Deutschland müsse sich für alle Zeiten vor den gewissenlosen Angriffen seines westlichen Nachbarn sicher stellen. Deshalb gebrauche es die Festungen Straßburg und Metz. Damit war das Ziel umschrieben, an dem Deutschland unverrückbar festhielt, zugleich ein nationales Ziel, das die Hoffnung des deutschen Volkes erfüllte, mit dem sich die Patrioten seit 1813 trugen und endlich ein Ziel, das die Einigung des Reiches zur Notwendigkeit machte. Der Realist in Bismarck lehnte die nationale Begründung der Erwerbungen ab – „Metz und Straßburg ist's, was wir brauchen und uns nehmen wollen – die Festungen. Das Elsaß – er meinte damit offenbar die starke Betonung des Deutschgewesenseins und des Deutschredens der Elsässer durch die periodische Presse – „ist Professorenidee". Die ideologische Begründung bekämpft der Realist, das Ziel macht er sich zu Eigen. Mit welcher Hartnäckigkeit sich der Nationalstolz der Franzosen gegen jede Abtretung gesträubt hat, ist bekannt. Bismarck blieb unerbittlich. So sorgfältig er Österreichs Stolz schonte, so rücksichtslos ging er gegen Frankreich vor. Er wußte, die Revanche-Lust der eitlen Franzosen war nur durch Gewalt in Schranken zu halten. Er kannte die ganze Hohlheit des gallischen Nationalcharakters und hat ihn oft mit scharfen Worten gegeißelt. Schon 1862 schreibt er aus Paris: „Sie sagen hier: *Grattez le Russe et le barbare paraîtra* (Schabt einen Russen ab, und ein Barbar erscheint), wenn man aber vom Franzosen die Rinde durchzukratzen versucht, so bekommt man gar nichts raus." In den Kriegsjahren wächst seine Verachtung fast zum Haß. Den Soldaten empört die grausame Kriegsführung: „Zieht man einem solchen Gallier die weiße Haut ab, so hat man einen Turko vor sich." Am prägnantesten aber hat er vielleicht seine Meinung am 31. Januar 71 zum Ausdruck gebracht. „Die deutsche, die germanische Rasse ist sozusagen das männliche Prinzip, das durch Europa geht – befruchtend. Die keltischen und slawischen Völker sind weiblichen Geschlechts.")

Nicht Eroberungslust also trieb ihn. Wie der Krieg nur eine bittere Notwendigkeit für ihn war, so auch der Frieden. Elsaß-Lothringen mit seinen Festungen sollte Deutschland gegen neue frivole Überfälle schützen, die Kriegsentschädigung von fünf Milliarden sollte, so hoffte er, Frankreich auf Jahre hinaus finanziell lahm legen. Seine ganze weitere Politik ist ein einziger Beweis dafür, daß er wirklich nur die Sicherung des Friedens wollte.

Die Erwerbung von Elsaß-Lothringen bedingte aber auch die Einigung Deutschlands. Wer hätte sonst Besitzer der neuen Provinzen werden sollen? Alle Stämme hatten Schulter an Schulter Gut und Blut dahingegeben. Wer sollte den Siegespreis davon tragen und die Verantwortung für seinen Schutz übernehmen? Schon im August 1870 beschäftigt sich Bismarck mit der Form der Verwaltung eventueller Erwerbungen: „Mein Ideal wäre eine Art Kolonie Deutschlands, ein neutraler Staat von 8–10 Millionen – – –" Der Ton liegt auf „Deutschland", nicht Preußen, nicht Baden oder Bayern – „das ganze Deutschland" soll es sein. So beginnen mitten im Kriege die Einigungsverhandlungen. Tatsächlich hat schon vor dem Kriege ein lebhafter Meinungsaustausch hierüber geschwebt. Die gemeinsamen blutigen Opfer hatten aber eine neue Grundlage geschaffen. Blut hält fester als Papier und Tinte. Die Einigung war eine unvermeidliche Notwendigkeit, der sich weder die Regierungen noch die Parlamente widersetzen konnten. Dennoch waren die Verhandlungen unendlich schwierig und gerieten mehr als einmal auf den toten Punkt. Auf der einen Seite stand die kronprinzliche Partei, deren Ziel eine straffe Einheit war, der Einheitsstaat, an der

Bismarck im Jahre 1870

Spitze der deutsche Kaiser, unter dem die Bundesfürsten ungefähr zur Stellung von Herzogen herabgedrückt werden sollten. Es waren die Ideen der Liberalen, die zu einer unmöglichen Mediatisierung der deutschen Fürsten geführt hätten. Demgegenüber sträubten sich besonders Bayern und Württemberg gegen eine Aufgabe ihrer selbständigen Stellung. Die partikularistischen Tendenzen waren keineswegs überwunden. Bismarck suchte auch hier wieder die Mittellinie zu gewinnen. In den Notwendigkeiten straffe Zusammenfassung zur Sicherstellung der gemeinsamen Verteidigung, alles andere konnte der Zukunft überlassen bleiben, wenn die süddeutschen Staaten ihren Anschluß wirklich freiwillig vollzogen. Selbstverständlich durften die Grundlagen des Norddeutschen Bundes nicht angetastet werden. Seine Verfassung bildete deshalb die Grundlage der Verhandlungen und wurde in ihren Grundzügen die des Deutschen Reiches. Das Entgegenkommen Bismarcks gegen Bayern und Württemberg, denen verschiedene Reservatrechte gewährt wurden, machte das große Werk möglich. Am 23. November 1870 zirka 10 Uhr abends erschien der Kanzler unter seinen Getreuen: „Nun wäre der bayrische Vertrag fertig und unterzeichnet," sagte er bewegt. „Die deutsche Einheit ist gemacht und der Kaiser auch." Wirklich vollendet ward das Reich allerdings erst am 25. November, an welchem Tage auch Württemberg seinen Vertrag in Berlin unterzeichnete. Die Annahme des Kaisertitels, die uns hiernach eine Selbstverständlichkeit zu sein scheint, bot doch auch noch Schwierigkeiten. Der Reichstag war allerdings sofort bereit, ihn anzubieten, aber ihn nur von der Volksvertretung entgegennehmen, das wollte Wilhelm I. nicht, er konnte es auch nicht, ohne bei den verbündeten Fürsten Unwillen zu erregen. Bayern, als zweitgrößter Bundesstaat, mußte diese Rolle übernehmen; aber Ludwig II. verhielt sich durchaus passiv. Erst die Briefe Bismarcks (cf. S. 90), die meisterlich auf die Eigenart des Königs berechnet waren, veranlaßten ihn, das entscheidende Schriftstück zu schreiben. Am 3. Dezember „nach Tische Vortrag Bismarcks, der den Brief vorliest, welchen der König so zur Unzeit wie möglich findet – – – – – Als wir das Zimmer verließen, reichten Bismarck und ich" – das Zitat ist dem Tagebuche des

124

Kronprinzen entnommen – „uns die Hand; mit dem heutigen Tage sind Kaiser und Reich unwiderruflich hergestellt." Doch der König sträubte sich gegen den ungewohnten Titel: „Was soll mir der Charaktermajor?" Wieder mußte Bismarck seine Überredungskünste aufbieten: „Eure Majestät wollen doch nicht ewig ein Neutrum bleiben, das Präsidium?" Und als man endlich so weit war, da verlangte Wilhelm I. den Titel „Kaiser von Deutschland," während vereinbart war „Deutscher Kaiser." In ersterem hätte ein Anspruch gelegen, den die Bundesfürsten nicht anerkennen wollten. Noch am 18. Januar hatte Wilhelm zu dem neuen Titel seine Zustimmung nicht gegeben. Der Großherzog Friedrich von Baden, der das Kaiserhoch ausbrachte, umging die Schwierigkeit, indem er das Hoch auf „Kaiser" Wilhelm ausbrachte. Der König war aber über die ganzen Vorgänge so indigniert, daß er „beim Herabtreten von dem erhöhten Stande der Fürsten ihn (Bismarck), der allein auf dem freien Platze davorstand, ignorierte, an ihm vorüberging, um den hinter ihm stehenden Generalen die Hand zu bieten, und in dieser Haltung mehrere Tage verharrte". – Bismarck aber, der Verächter von Titeln und Förmlichkeiten, der in diesen Tagen an seine Frau von „dem Kaiserscherz" schrieb, ist von der Bedeutung des Augenblicks aufs tiefste ergriffen. Ruhig, überlegen, bedächtig hat er in monatelangen Verhandlungen das Reich begründet. Als er aber allein auf der Plattform im Spiegelsaale steht, vor König und Fürsten, um den Führern des Heeres den Kaiser zu proklamieren, ist er verwandelt. „Er beginnt, so schreibt ein Augenzeuge, der als Arzt ein doppelt glaubwürdiger Beobachter ist, mit einer vor Erregung keuchenden Brust, mit bleichem Antlitz und so blutleeren Ohren, daß sie fast durchsichtig waren. Mit Mühe rangen sich die ersten Sätze aus der Brust. Erst allmählich wird die Stimme klarer und durchdringt nun kräftig den Saal.

Dies ist Bismarck, der Mann, der hundertmal in weiten Sälen gesprochen, Feind aller Förmlichkeiten und Phrasen, – doch hingerissen von der *Dämonie* des Augenblicks, da er Signum und Symbol seines Werkes in beiden Händen hält."

X.
„Das neue Deutsche Reich ist die werdende Monarchie."

Das neue Deutsche Reich ist die werdende Monarchie, wie das alte die zerfallende Monarchie war. Wie eine Kugel auf scharfer Kante wohl rollen, aber nicht stehen bleiben kann, so ist das Deutsche Reich bestimmt, sich stetig, und zwar im Sinne der festeren Zentralisation zu entwickeln."

Es kann hier nicht die Verfassung des Reiches besprochen werden. Nur die Grundlinien, die für Bismarck maßgebend waren, und in denen sich die wundervolle Harmonie seiner Politik zeigt, müssen erwähnt werden. Bismarck war stets von der Macht Preußens als der festen Basis seiner Politik ausgegangen. Nur in ihm hatte er den Grundpfeiler einer deutschen Macht gesehen. Wenn er auch zeitweise bereit war, sich zu beschränken und Österreich oder Bayern die Vorherrschaft im Süden zu gönnen, immer galt es für ihn, die Macht Preußens aufrecht zu erhalten. Als der Norddeutsche Bund gegründet wurde, versuchte der Reichstag das Bundeskanzleramt in die Rolle eines verantwortlichen Ministeriums, unabhängig von Preußen, herabzudrücken. Bismarck hatte vorher das Präsidium einem anderen Manne anvertrauen wollen. Die Antwort war nun, daß Bismarck wohl den Ausdruck „verantwortlich" in die Verfassung aufnehmen ließ. Wem diese Verantwortlichkeit aber gelten sollte, darüber steht nichts darin. Außerdem aber ließ er das Bundeskanzleramt nun sich selbst übertragen, vereinigte es also mit dem eines preußischen Ministerpräsidenten und machte so eine Führung der Geschäfte in antipreußischem Sinne unmöglich. Was er wollte wurde so durch das Amendement der Nationalliberalen nicht verhindert, sondern nur stärker hervorgetrieben.

Ist hier die preußische Grundlage seiner Politik nicht zu verkennen, so scheinen sich in der Einrichtung des Bundesrats, in dem er mit Zusammensetzung und Stimmenverteilung direkt an den seligen Bundestag anknüpfte, partikularistische Tendenzen erkennen zulassen. Er ist die Vertretung der souveränen Staaten, die dem Reichstag geschlossen gegenübersteht. Tatsächlich aber hätte wohl ein Oberhaus, in dem nach den Ideen der Liberalen die Fürstenhäuser eine direkte Vertretung gefunden hätten, den Partikularismus lauter zu Worte kommen lassen, als dies je im Bundesrat geschehen kann. Auch die Geschlossenheit des Auftretens dem Reichstag gegenüber ist in dieser Versammlung, wie die Geschichte lehrt, besser gewahrt, als es in einem Oberhaus möglich wäre.

Den festen Halt für die Einheit Deutschlands hatte Bismarck immer in einer vom Volke erwählten allgemeinen Vertretung gesehen. Er hatte geglaubt, daß hier alle partikularistischen Tendenzen überwunden werden würden. Er hat es erleben müssen, daß er sich hierin getäuscht hat. Er hat es selbst mehrfach ausgesprochen, daß die Dynastien energischer für die Erhaltung und den Ausbau der Einheit eingetreten seien als die Volksvertretung. *Dennoch wird man auch dem Reichstag zugeben müssen, daß er in kritischen Augenblicken sich immer wieder seiner Aufgabe gewachsen gezeigt hat, und daß er trotz allem ein Bindeglied zwischen Stämmen und Staaten bildet*, die ihre echtdeutsche Eigenbrödelei noch nicht überwunden haben.[27] Noch in einem zweiten Punkte hat sich Bismarck geirrt. Er hat das allgemeine Wahlrecht 1866 „in die Pfanne geworfen" (cf. S. 106.) und konnte und wollte nicht wieder zurück. Nach den üblen Erfahrungen der 60er Jahre mit dem Dreiklassenwahlrecht in Preußen, glaubte er, daß das allgemeine Wahlrecht geeignet wäre, die konservativen Elemente zur Macht zu bringen. So verstand er sich sogar zu dem Zugeständnis des geheimen Wahlrechts. Dagegen sträubte er sich unbedingt gegen Gewährung von Diäten an die Volksvertreter. Welche Folgen diese Zugeständnisse gehabt haben, liegt heute klar zutage. Man kann Bismarck keinen Vorwurf aus diesem Irrtum machen. Er teilte ihn mit fast allen Politikern. Selbst die Radikalliberalen, selbst Marx hat vor der Annahme des allgemeinen Wahlrechts ein-

---

[27] Diese Worte wurden wenige Wochen vor dem glorreichen 4. August 1914 geschrieben, dem glorreichen Tage des *deutschen* Reichstages, der *deutschen*, nun, will's Gott, nie mehr internationalen Sozialdemokratie, kurze Zeit also bevor unserem Friedenskaiser das Schwert in die Hand *gezwungen* wurde.

dringlichst gewarnt. Niemand konnte damals die unglaubliche industrielle Entwicklung Deutschlands voraus ahnen, die den Jahren 70/71 folgen sollte, und die dem allgemeinen direkten Wahlrecht eine verhängnisvolle Bedeutung gegeben hat, indem es die Macht der Sozialdemokratie in ungeahnter Weise hervortrieb.

Auch die Meinung Bismarcks, daß das deutsche Volk die Kraft haben würde, eine solche Einrichtung nötigenfalls abzuschütteln, ist nicht in Erfüllung gegangen und konnte nicht in Erfüllung gehen. Hier liegt bei dem Historiker Bismarck ein merkwürdiger Irrtum vor. „Fortschrittliche" Maßnahmen, sind gewiß häufig beseitigt worden, aber immer nur auf dem Wege einer gewaltsamen Reaktion, die nach revolutionären Unruhen einsetzte. Sonst kennt die Geschichte kaum das Wort „Zurück". Das Kaisertum aber wächst unter dem Schwergewicht der Verhältnisse zu immer höherer Macht empor. Selbst vorübergehende Mißstimmungen zwischen Herrscher und Volk können seinen Glanz nicht trüben. Die Persönlichkeiten unserer Herrscher haben nicht wenig dazu beigetragen: Wilhelm I., der Ehrwürdige, Friedrich III., der Dulder, Wilhelm II., unser Friedenskaiser. „Das neue Deutsche Reich ist die werdende Monarchie."

XI.
Bismarcks Friedenspolitik

Der 18. Januar (Kaiserproklamation), der 16. April (Sanktionierung der Reichsverfassung), der 20. Mai (Ratifikation des Frankfurter Friedens) und der 16. Juni 1871 (Einzug der Truppen in Berlin) bedeuten den Abschluß von Bismarcks Lebenswerk. Er hatte die Bahn durchschritten, die er sich schon in seinen Denkschriften (cf. S. 98.) gesetzt. Seine Gegner waren vernichtet oder in seine Kreise gezogen. „In zwei Lagern war die nationale Macht gesammelt: in dem einen das Altgewohnte, die territorialen Gebilde, welche sich aus dem Chaos des alten Reiches durch so viele Revolutionen hindurch gerettet hatten; in dem andern die

Elemente des neuen Zeitalters, die unter dem Andrang der fremden Weltmächte aus dem Schoße der Nation geborenen, nach Luft und Licht verlangenden Kräfte. Unter diese sollte sich jedermann beugen, Preußen so gut wie Bayern oder Lippe-Detmold, Regierende und Regierte: alles, was die Macht und die Wohlfahrt des Ganzen förderte, die Zukunft der Nation verbürgte, Waffen und Politik, Recht und Rechtsgang, und die nationale Wirtschaft vor allem, sollte nach Bismarcks Willen einheitlich gebildet, im übrigen aber erhalten bleiben, was im Laufe der Jahrhunderte erwachsen war und in eigenen Machtkreisen selbständig sich entwickelt hatte." In diesem Verständnis für das geschichtlich Gewordene liegt Bismarcks Größe und die Gewähr für die Dauer seines Werkes. Kaum ein anderer Staatsmann hat diese Eigenschaft in diesem Maße besessen, vielleicht kann Augustus neben ihm genannt werden. Sie gab ihm auch die Besonnenheit, nie mehr als das Mögliche zu wollen, und die Zuversicht, daß sein Werk entwickelungsfähig sei. So war sein Werk vollendet, soweit der äußere Bau in betracht kam, der innere Weiterbau und die Sicherung mußten erst folgen. Darum konnte auch jetzt der Riese nicht von seinem Werke scheiden, die Sisyphusarbeit mußte weitergeführt werden.

Die notwendigsten Aufgaben für Ausbau und Sicherung des Reiches sind in den oben zitierten Worten von Lenz zusammengefaßt. Von Westen her drohte immer wieder die Gefahr des Rachekrieges. Mit erstaunlicher Energie und bewunderungswürdigem Opfermut arbeitete Frankreich an dem Neubau seiner Armee. Die Antwort Deutschlands bestand in einer großzügigen Armeeorganisation, die allerdings fast an einem ähnlichen Gegensatz zwischen Regierung und Parlament wie in den 60er Jahren gescheitert wäre. Der Kaiser wünschte für die Armee ein Gesetz, daß für alle Zeiten seine Grundlagen sichern sollte, die Volksvertretung wollte ihr jährliches Budgetrecht auch in diesem Punkte nicht aufgeben. Bismarck hat endlich mit dem Führer der Nationalliberalen einen Vergleich abgeschlossen, der an Stelle des Äternats ein Septennat setzte. So einigten sich die beiden feindlichen Gewalten zum Wohle des Vaterlandes. Dieses Septennat, das dem deutschen Vaterlande ein Heer in einer Präsenzstärke von 401659 Mann (Frankreich 471000) sicherte, wurde 1880 erneuert. Das Jahr 1888 brachte nach schweren Kämpfen eine weitere Erhöhung der Armee, indem ein zweites Aufgebot der Landwehr wieder hergestellt wurde. Sechs Jahrgänge des Landsturms wurden zu diesem Zweck der Landwehr zugewiesen, und die Dienstpflicht im Landsturm bis zum Alter von 45 Jahren (bisher 42) hinaufgeschoben. Wieder waren es Gefahren, die von außen drohten, die Deutschland zu diesen gewaltigen Opfern zwangen. Der Reichstag des Jahres 87 hatte die Vorlage verworfen. Nach seiner Auslösung zeigten die Neuwahlen, daß das Volk sich seiner Pflicht bewußt war. In einer wundervollen Rede riß dann Bismarck den neuen Reichstag mit sich fort. „Wir Deutsche fürchten Gott, aber sonst nichts in der Welt, und Gott wird mit uns sein!" (Rede vom 6. Febr., 1888.) Das Zentrum selbst, also die Opposition, beantragte die Annahme des Antrags ohne Debatte. Es war ein gewaltiger Erfolg des gewaltigen Staatsmannes. Die Welt sah, daß sein Werk Früchte getragen. Deutschland zeigte sich einig und opferwillig, wenn die Not es verlangte. Der Haß der Parteien konnte unter diesem Führer zum Schweigen kommen.

Es waren Fragen der äußeren Politik, die die Regierung zwangen, dem Volke so gewaltige Opfer aufzuerlegen. Frankreich mit seinen dauernden Rüstungen und Rachegelüsten bedeutete eine ständige Gefahr. In der Hauptsache hat sich Bismarck demgegenüber auf die eigene Kraft des einigen Reiches verlassen; aber auch von Osten her war Deutschland bedroht. Er wußte, daß Rußland und Frankreich durch gemeinsame Interessen zusammengetrieben wurden. Unsere Zeit hat die Berechtigung dieser Befürchtungen bewiesen. Zunächst hielt Bismarck deshalb an der engen Freundschaft mit Rußland fest, was ihm durch die Beziehungen der Höfe erleichtert wurde. Schon wenige Tage nach Sedan suchte sich Bismarck aber auch Österreich zu nähern, und 1871 war das Dreikaiserbündnis hergestellt. Doch zwischen Rußland und Österreich ließen sich die Balkanfragen nicht ausschalten. 1875 brach der Aufstand in der Herzegowina aus, 1876 wurden Serbien und Bulgarien von ihm ergriffen, 1877 führte der Zar seine Armeen über die Donau.

Der Traum, das griechische Kreuz statt des Halbmondes auf der Hagia Sophia in Konstantinopel aufzupflanzen, erwachte zu neuem Leben. Damit aber war der Zwiespalt zwischen Rußland und Österreich gegeben. Bismarck hat sich durchaus bemüht, Rußland gefällig zu sein, allerdings auch keinen Zweifel darüber gelassen, daß Deutschland eine Zertrümmerung des Donaustaates nicht dulden könne. Ein Vasallenverhältnis zu Rußland wäre die notwendige Folge. Wir aber wollen unsere eigene Musik machen (cf. S. 29).

Diese Stellungnahme Deutschlands beschränkte den Krieg auf den Balkan, bewahrte Mitteleuropa vor einem furchtbaren Kriege und führte zu der Politik des Berliner Kongresses, auf dem Deutschland die stolze Rolle eines Vermittlers für Europa spielte. Bismarck führte hier den Vorsitz und suchte „als der ehrliche Makler" zwischen den beiden Parteien aufzutreten. Soweit als möglich stützte er die russischen Forderungen. Dennoch fühlten sich der russische Nationalstolz und die Eitelkeit des russischen Kanzlers Gortschakow beleidigt. Die russischen Rüstungen richteten sich offensichtlich gegen die Westgrenze, und als sogar der Zar in einem Briefe an Wilhelm I. verhüllte Kriegsdrohungen aussprach, wechselte Bismarck rasch entschlossen seine Politik. War bisher Rußland die Basis seiner Friedenspolitik gewesen, so sollte es nun Österreich sein. Daß Habsburg die gebotene Hand ergriff, war selbstverständlich. Deutschland konnte ihm allein Sicherheit gegen Rußland bieten; auch die inneren Schwierigkeiten waren in Anlehnung an Deutschland leichter zu überwinden. Nur schwer war aber Wilhelm I. zu diesem Frontwechsel zu bewegen. Sein geradliniges Ehrgefühl sah darin eine Treulosigkeit gegen den Zaren. Erst als Bismarck sein Entlassungsgesuch einreichte, entschloß er sich, seine Zustimmung zu dem Bündnis zu geben.

Der Vertrag trägt einen unbedingt defensiven Charakter. Die Kontrahenten verpflichteten sich nur im Falle eines russischen *Angriffs* zu gegenseitiger Unterstützung. Zunächst freilich wurde der Druck vom Osten durch das Bündnis kaum vermindert. Das Moskowitertum ließ sich zu immer schärferen Drohungen gegen Deutschland hinreißen, obwohl

Bismarck alle Anstrengungen machte, die Verbindung mit Rußland zu erhalten. Erst als Italien, durch Frankreichs Besetzung von Tunis in seinen afrikanischen Interessen geschädigt, sich dem Bunde Mitteleuropas (20. Mai 1882) anschloß, wurde die Lage etwas ruhiger. Noch immer aber drohte die Gefahr eines russisch-französischen Bündnisses. Auch ihr hat Bismarck zu begegnen gewußt. 1884 gelang es ihm, mit Rußland den sogenannten Rückversicherungsvertrag zu schließen, der, ohne die Aufgaben des Dreibundes zu berühren, Deutschland doch eine Rückendeckung für den Fall eines französischen Angriffs gab. Seit 1883 setzte auch Deutschlands koloniale Politik ein. Auch sie hat von Bismarck energische Förderung erfahren. Hier aber war er nicht der Führer, sondern folgte nur – zunächst halb widerwillig, dann mit der ihm eigenen Energie – den Anregungen, die von privater Seite kamen, aber einem nationalen Bedürfnis entsprachen. „In allen diesen Aktionen aber entfaltete er die glänzendsten Eigenschaften seiner unvergleichlichen Staatskunst: sicherste Berechnung und rasche Benutzung des Moments, stahlharte Energie und unerschütterliche Kaltblütigkeit, tiefes Verständnis für die Regungen der Volksseele, der deutschen wie auch der fremden, eine Vorsicht, die sich durch keine List des Feindes und nicht durch Vorspiegelungen der eigenen Leidenschaft täuschen ließ, und jene Kühnheit, die die Gefahr selbst aufsucht und die Gegner spaltet, indem sie sie zwingt, eine Probe ihres Mutes zu geben: sie zeigen ihn auf der vollen Höhe seiner herrischen Politik."

XII.
Der Kulturkampf

Die Jahre 1866 und 70/71 hatten die beiden Vormächte des Katholizismus zu Boden geworfen. Wenige Wochen nach Sedan besetzten die Italiener Rom. Der letzte Rest der weltlichen Herrschaft des Papstes war vernichtet. Das siegreiche Deutschland aber war durch die Ausschaltung Österreichs zu einer überwiegend protestantischen Macht geworden.

Daß unter diesen Umständen die katholische Welt sich selbst mit Befürchtungen erfüllte, daß man sich der Gnade des Protestantismus preisgegeben fühlte und in eine Stimmung hineingeriet, wie sie die Zeit der Gegenreformation beherrschte, ist nur zu natürlich. Man glaubte der Verteidigung zu bedürfen – und ging zum Angriff über. Wie einst das Tridentiner Konzil der Kirche neue Waffen in die Hand gegeben hatte, so suchte man auch jetzt durch eine Reaktion eine Vertiefung des religiösen Lebens herbeizuführen: 1854 wurde das Dogma der unbefleckten Empfängnis verkündet, 64 folgte im Syllabus die Zusammenstellung aller angeblichen Irrlehren der Gegenwart, am 18. Juli 1870 endlich stellte das vatikanische Konzil das Dogma von der päpstlichen Unfehlbarkeit auf. Auch in katholischen Kreisen erregte dieses Vorgehen Unwillen, aber gerade aus dem Kampf ergab sich ein engerer Zusammenschluß, der für Bismarck in dem Augenblick Bedeutung gewann, als er sich vom rein-kirchlichen Gebiet auf das staatliche hinüber wagte. Das geschah für Deutschland, als sich die Zentrumspartei bildete (13. Dez. 1870 für das preuß. Abgeordnetenhaus; 21. März 1871 für den Reichstag).

Sie stellte von vornherein die Behauptung auf, nicht konfessionell zu sein. Man kann ihr das zugeben. Ihre Forderungen sind politisch, es sind eben die politischen Ansprüche der römisch-katholischen Kirche, die einerseits international ist, andererseits die Herrschaft im Staat beansprucht. Die Internationalität der Partei, die sich hieraus ergibt, machte sie zum natürlichen Bundesgenossen der Sozialdemokratie – das hat die Geschichte immer wieder bewiesen – ebenso aber auch zum Feinde des nationalen Staates, der keinen Herrn neben sich dulden wollte und konnte. So konnten sich auch in dieser Partei vom ersten Tage an alle Elemente sammeln, die nur in ihrer Staatsfeindlichkeit ein Einigungsmittel besaßen. „Welfen und Polen, Preußen und Rheinländer, Feudale und Demokraten".

Schon der päpstliche Anspruch auf Unfehlbarkeit, der von *diesen* guten Katholiken anerkannt wurde, enthielt eine Bedrohung des Staates. Dennoch hat sich Bismarck trotz mannigfacher entgegengesetzter Anregungen von jeder Beeinflussung des Konzils ferngehalten. Er kannte die Gefährlichkeit konfessioneller Kämpfe mit ihrer grenzenlosen Verbitterung. Als dann allerdings die eigenen Untertanen den Staat zu Hilfe riefen, war er sofort auf dem Plan. Gerade Lehrer und Universitätsprofessoren widersetzten sich der Anerkennung der Infallibilität. Die Kirche antwortete mit der Entziehung der *missio canonica*, d. h. mit der Aberkennung der Lehrfähigkeit. Der Staat erklärte dagegen, daß die *missio* keine staatliche Wirkung habe, lehnte also eine Entsetzung der betreffenden Lehrer ab. Auch die Partei trat schon im 1. Reichstag mit unmöglichen Forderungen hervor. Sie verlangte die Einmischung Deutschlands in Italien zugunsten der Erhaltung der päpstlichen Herrschaft in Rom. In der preußischen Verfassung waren die Bestimmungen über das Verhältnis von Staat und Kirche so unklar und unbestimmt,[28] daß die Kirche besonders unter Friedrich Wilhelm IV. eine äußerst freie Stellung eingenommen hatte. Jetzt verlangte das Zentrum die Übernahme dieser Artikel in die Reichsverfassung. Wohl lehnte der Reichstag solche Forderungen ab, aber schon ihre Ausstellung zeigte, was man von dieser Partei zu gewärtigen hatte.

Bismarck hätte den Kampf auch jetzt noch gern vermieden und hielt sich zurück. Die inneren Gegensätze waren aber unüberbrückbar. Mußte jedoch gekämpft werden, dann war es nicht Bismarcks Art dem Gegner die Vorteile der Offensive zu überlassen. Von den Konservativen im Stiche gelassen,[29] suchte er seine Stütze bei den Nationalliberalen. Das hat ihn sicher weiter gedrängt, als ihm selbst wünschenswert erschien. Er hatte das Zentrum sofort als eine „Mobilmachung gegen den Staat" aufgefaßt und machte nun alle Kräfte des Staates gegen seine Ansprüche und die der katholischen Kirche geltend. Und von beiden Seiten wurde

---

[28] Es handelt sich namentlich um die Artikel 15, 16, 18 und 24. Sie verleihen der katholischen Kirche freie Verwaltung, ungehinderten Verkehr mit ihren Oberen, heben Ernennungs-, Vorschlags-, Wahl- und Bestätigungsrecht des Staates auf und überliefern die Schule der Kirche.
[29] Bei den Konservativen vereinigten sich persönlicher Haß und Neid mit sachlichen Gründen, um ihre Abkehr von Bismarck herbeizuführen. Preußentum und orthodoxes Kirchentum sträubten sich gegen Bismarcks Bahnen. So kam es zu jenem bekannten Verleumdungsfeldzug in der Presse (Reichsglocke und Kreuzzeitung), durch den der vollständige Bruch herbeigeführt wurde. Auch die Arnim-Affäre spielt in diesen Zeiten (cf. S. 69.)

der Kampf mit unerhörter Erbitterung geführt. Besonders gegen Bismarck richtete sich der Haß und entlud sich am 13. Juli 1874 in dem Attentat des Böttchergesellen Kullmann, der aus nächster Nähe mit „Rehposten" auf den zur Kur in Kissingen weilenden Reichskanzler schoß. Kullmann bekannte sich selbst als einen Anhänger der Zentrums-Fraktion und gab als Grund die Empörung über die gegen die kirchliche Macht gerichteten Gesetze an. Das Zentrum lehnte freilich jede Verantwortung ab – das geschieht ja bei solchen Gelegenheiten immer; aber Bismarck rief ihm in der Sitzung vom 4. Dezember 1874 zornbebend zu: „Mögen Sie sich lossagen von diesem Mörder, wie Sie wollen: er hängt sich an Ihre Rockschöße, er nennt Sie seine Fraktion!" Und als Graf Ballestrem ein „Pfui" dazwischenrief, warf ihm Bismarck unter stürmischem Beifall von rechts und links entgegen: „Pfui ist ein Ausdruck des Ekels und der Verachtung. Meine Herren, glauben Sie nicht, daß mir diese Gefühle fern liegen; ich bin nur zu höflich, um sie auszusprechen!"

Am 14. Mai 1872 – es handelte sich um die Aufhebung der deutschen Botschaft am päpstlichen Hof – sprach Bismarck das stolze Wort: „Nach Kanossa gehen wir nicht, weder körperlich noch geistig!" Und dennoch hat Bismarck vom Mai 1880 an einen Teil der Kampfgesetze aufgegeben, so daß Leo XIII. am 28. Mai 1887 im Kardinalskollegium erklären konnte: „Erledigt ist, dank der Hilfe Gottes, eine langwierige und mühevolle Aufgabe; jenem erbitterten Kampf, welcher die Kirche schädigte und dem preußischen Staat keinesfalls nützte, ist ein Ziel gesetzt."

Ist Bismarck doch nach Kanossa gegangen? Es könnte so scheinen. Sicherlich hat er das Ziel gehabt, die Zentrumspartei zu zerschmettern. Das ist ihm nicht gelungen. Er hat mit ihr paktieren müssen, als sich die Nationalliberalen seiner neuen Wirtschaftspolitik (cf. S. 139) widersetzten. Doch aber ist der Staat aus dem Kampfe gestärkt hervorgegangen. Die katholische Abteilung ist aus dem Kultusministerium verschwunden, die endgültig anzustellenden Pfarrer müssen dem Staat vorher angezeigt werden, auf Grund des Kanzelparagraphen kann gegen Pfarrer eingeschritten werden, die die Angelegenheiten des Staates in einer den Frieden störenden Weise behandeln, die Zivilehe ist erhalten geblieben, ebenso das Verbot jesuitischer Niederlassungen im Reich und das von Ordensschulen für Knaben, endlich haben die Gemeinden einen Anteil an der Verwaltung des Kirchenvermögens behalten und allgemein ist die staatliche Schulaufsicht anerkannt. Schon dies zeigt, daß von einer eigentlichen Niederlage Bismarck; gar keine Rede sein kann. Vor allen Dingen aber würde man auch hier seine Politik durchaus mißverstehen, wollte man sie lediglich als auf Kampf und Sieg gestellt betrachten. Schon 1873 am 10.März – also auf der Höhe des Kampfes – hatte er in einer Rede im Herrenhaus seine Bereitwilligkeit zum Frieden zu erkennen gegeben. Auf den Frieden kam es ihm an. Als er ihn unter Bedingungen erlangen konnte, die die Macht des Staates den Ansprüchen der Kirche und des Zentrums gegenüber sicherten, hat er keinen Moment gezögert, die von Leo XIII. gebotene Hand zu ergreifen. Die neuen Aufgaben, die Wirtschaftspolitik und Kampf gegen die Sozialdemokratie ihm stellten, Ausgaben, bei denen die Nationalliberalen ihre Unterstützung z. T. versagten, mußten ihm den Frieden noch wünschenswerter erscheinen lassen. Nur so konnte er eine neue Mehrheit gewinnen, in den Konservativen und dem Zentrum. Man kann und wird es bedauern, daß das Zentrum jemals eine ausschlaggebende Partei im Reichstag werden konnte, keine Regierung kann aber an einer solchen Partei vorübergehen. Bismarck aber hat nie Bedenken getragen, die Mehrheiten für seine Pläne dorther zu nehmen, wo er sie fand, niemals jedoch hat er sich unter die Herrschaft einer Partei gestellt. Als die Konservativen seiner Fahne nicht mehr folgen wollten, warf er sie beiseite, als die Nationalliberalen ihm ihre Ideen aufdrängen wollten, zerschmetterte er sie, als das Zentrum durch den Kampf zermürbt schien, benutzte er es. Er war, seit er in die Regierung eingetreten, kein Parteimann. *„Vexilla regis prodeunt,"* (Brief an Roon, „Des Königs Feldzeichen weisen den Weg"). Der König war seine Partei, für ihn, für die Macht des Landes, für die Nation trat er ein. „Ich werde den Weg, den ich im Interesse des Vaterlandes für den rechten erkenne, unbedingt bis ans Ende gehen, unbeirrt, mag ich Haß oder Liebe dafür ernten, das ist mir gleichgültig" (Reichstagsrede vom 9. Juli 1879.)

XIII.
Bismarcks neue Wirtschaftspolitik

Am 5. April 1877 sagte Bismarck zu seinem Vertrauten Tiedemann, „ihm sei zumute, wie einem Jäger, der den ganzen Tag auf Kartoffelfeldern Hühner gejagt habe. Gegen Abend sei er todmüde und sehne sich nach Ruhe. Wenn einem solchen Jäger gemeldet werde, in einem benachbarten Busche steckten mehrere starke Sauen, dann sei es vielleicht möglich, daß neue Lebenskraft in ihm erwache; Hasen und Hühner würden ihn aber nicht mehr in Bewegung bringen. Als solche ‚Sauen' würde er betrachten: die Reform unserer wirtschaftlichen Gesetzgebung, eine wirklich gründliche Steuerreform – oder auch auf anderem Gebiete die Ausräucherung des Partikularismus. An eine dieser Aufgaben den letzten Lebenshauch zu setzen, könnte verlockend sein."

Deutschland befand sich in finanzieller Hinsicht in einer fatalen Lage. Das Reich war zur Bestreitung seiner Ausgaben auf die sogenannten Matrikularbeiträge[30] angewiesen. Diese waren nur als ein Provisorium gedacht. Woher aber sollten die nötigen Mittel, die das Reich aus einem „lästigen Kostgänger" (Rede vom 2. Mai 1879) zu einem Versorger der Einzelstaaten gemacht hätten, genommen werden? Direkte Steuern waren den Staaten vorbehalten, fielen also für das Reich fort. Es blieben nur indirekte Steuern, Monopole und Zölle. Bismarck ist immer ein Verehrer der indirekten Steuern gewesen. Er ging von der sicher berechtigten Anschauung aus, daß solche weniger drückend empfunden werden. Daß sie leicht ungerecht wirken können, wußte er selbstverständlich. Er hoffte aber durch ihren Ausbau die direkten Steuern soweit erleichtern zu können, daß sie für die weniger Bemittelten ganz in Wegfall kämen, um so einen Ausgleich zu schaffen.[31] Der bequemste Weg für den Staat ist dann das Monopol. Der Staat wird selbst Kaufmann und

---

[30] Jeder Staat zahlt seiner Bevölkerung entsprechend die notwendigen Summen an das Reich.
[31] Diese Gedanken kehren bei Bismarck immer wieder.

streicht den Gewinn ein. Da er außerdem auf dem betreffenden Gebiete jede Konkurrenz ausschließt, kann er durch Erhöhung der Preise oder durch Verschlechterung der Ware den Gewinn fast beliebig erhöhen.

Bismarck hat versucht, diesen Weg zu gehen. Das Reichseisenbahngesetz scheiterte an dem Widerstande der Einzelstaaten, die einen so scharfen Eingriff in ihre innere Verwaltung nicht dulden wollten. So mußte er sich mit der Verstaatlichung der preußischen Bahnen begnügen. Welche enormen finanziellen Vorteile sie Preußen gebracht hat, ist bekannt genug. Für andere Monopole z. B. auf Tabak wären die Regierungen zu haben gewesen. Hiergegen sträubten sich aber die liberalen Parteien, mit Entschluß der Nationalliberalen.

Alle indirekten Steuern, welche Form sie auch haben, erschweren die parlamentarische Kontrolle des Budgets, verringern also das Budgetrecht des Parlaments. Außerdem erfordern sie ein Heer von Beamten. Diese, in unmittelbarer Abhängigkeit vom Staate, vermehren aber die Macht der Regierung, wodurch wieder der Einfluß der Parlamente geschmälert wird. Das waren die Hauptgründe, durch die die liberalen Parteien gegen die neue wirtschaftliche Gesetzgebung mobil gemacht wurden.

Bismarck hat auch hier zunächst versucht, die Nationalliberalen für sich zu gewinnen. Er rechnete dabei wohl damit, daß sie das letzte Ziel: – straffe Einigung des Reiches – mit ihm gemeinsam hatten. Als er aber erfuhr, daß diese Hoffnung vergeblich sei, schwenkte er schnell und rücksichtslos zu den Konservativen und dem Zentrum ab.[32]

Mit ihrer Unterstützung wurde das deutsche Wirtschaftsleben auf eine neue Basis gestellt. Dasselbe litt damals unter einer schweren Depression. Der französische Milliardensegen hatte die Unzuträglichkeiten

---

[32] Es kann hier auf folgende Daten hingewiesen werden: 9. 2. 79. Tod des Papstes Pius IX. 20. 2. 79. Leo XIII. wird Papst, teilt am gleichen Tage Wilhelm I. brieflich seine Inthronisation mit und bietet Frieden an. 22. 2. 79. Bismarck desavouiert im Reichstage den Finanzminister, erklärt daß Tabaksmonopol für sein Ziel und brüskiert damit die Nationalliberalen. Lenz S. 438 will nicht unbedingt einen Zusammenhang zwischen Bismarck Auftreten und der Friedfertigkeit des Papstes feststellen, hält ihn aber für möglich. Mir erscheint er nach Bismarcks ganzer Natur sehr wahrscheinlich. Man vergleiche sein Auftreten gegen die Sozialdemokratie (S. 133. 134).

eine Zeitlang verdeckt. Von der Mitte der siebziger Jahre an traten sie um so schärfer hervor. Bismarck glaubte den Grund in dem System des Freihandels zu erkennen. Ob er recht damit hatte, läßt sich kaum entscheiden. Jedenfalls stand er mit dieser Anschauung nicht allein. Industrie und Landwirtschaft riefen nach staatlichem Schutz. So kehrte er zum Schutzzollsystem zurück, um der deutschen Arbeit die Konkurrenz mit dem Auslande zu ermöglichen und ihr den inneren Markt zu erhalten. In einer Rede vom 5. Mai 1879 faßte er den Zweck seiner neuen Wirtschaftspolitik in folgenden Worten kurz zusammen: „Ich kann damit schließen, daß ich nach wie vor an den Zwecken festhalte, die ich aufstellte: das Reich selbständiger zu stellen, die Gemeinden zu erleichtern, den zu hoch besteuerten Grundbesitz durch indirekte Steuern zu erleichtern, zu diesem Behufe die Abschaffung der Klassensteuer, ich wiederhole es, in ihrem vollen Umfange zu erstreben, und demnächst als den letzten und nicht geringsten Zweck: der einheimischen, nationalen Arbeit und Produktion im Felde sowohl wie in der Stadt und in der Industrie als auch in der Landwirtschaft den Schutz zu gewähren, den wir leisten können, ohne unsere Gesamtheit in wichtigen Interessen zu schädigen."[33]

In vollem Umfange hat Bismarck sein Ziel nicht erreicht. Für die Monopole ließ sich keine Mehrheit gewinnen. Deshalb gelang es nicht, eine reinliche Scheidung zwischen den Finanzen des Reiches und der Einzelstaaten herbeizuführen. Die Matrikularbeiträge mußten für Jahre der Not beibehalten werden. Das System der indirekten Steuern ist aber notgedrungen immer weiter ausgebaut worden und auch bei den Schutzzöllen sind wir geblieben, so laut sie auch von den begeisterten Freihändlern getadelt werden. Daß durch sie besonders unsere Lebensmittelpreise stark erhöht werden, ist ja zweifellos zu bedauern. Wir dürfen

---

[33] Nur nebenher kann hier die Kolonisation in den polnischen Gebieten Preußens erwähnt werden, die unter Bismarcks Ägide mit Hilfe staatlicher Mittel eröffnet worden ist (seit 1886). Die Ansiedlungskommission verfolgt den Zweck, in den polnischen Provinzen Güter aufzukaufen und in Parzellen an deutsche Bauern weiterzugeben. In erster Linie soll sie also politisch wirken, indem sie das Polentum zurückdrängt, gleichzeitig soll sie aber auch einen gesunden, deutschen Bauernstand im Osten als Gegengewicht gegen die ausgedehnten Latifundien schaffen.

aber nicht vergessen, daß wir einerseits auf allen Seiten von schutzzöll-
nerischen Staaten umgeben sind. Diese sind also in der Lage, ihre Grenzen gegen deutsche Produkte zu schließen, könnten aber, wenn wir frei-
händlerisch wären, in Jahren des Überflusses unser Land mit billigen
Produkten überschwemmen und unsere Produktion lahm legen. Wichtiger aber noch ist ein zweiter Grund. Im Kriegsfalle kann uns die Le-
bensmittelzufuhr von allen Seiten abgeschnitten werden. Ist dann unsere
Landwirtschaft nicht einigermaßen leistungsfähig, so kann Deutschland
in wenigen Monaten geradezu ausgehungert werden. Wir müssen sie
also möglichst leistungsfähig erhalten, sie ist neben Heer und Flotte
unser wichtigstes Verteidigungsmittel und trägt wie sie zur Erhaltung
des Friedens bei. England ist durch seine Riesenflotte und seine insulare
Lage viel günstiger gestellt. Es kann sich den Luxus des Freihandels
leisten. Seine Landwirtschaft ist heute aber auch schon völlig bedeu-
tungslos.

XIV.
„Quand je serai roi, je serai un vrai roi des gueux.“
(Friedrich der Große.)

Am 11. Mai 1878 schoß ein Maurergeselle, Max Hödel, auf Kaiser
Wilhelms ehrwürdiges Haupt. Die Vorsehung verhütete es damals, daß
Wilhelm I. verletzt wurde. Durch ganz Europa ging ein Schrei der
Entrüstung und des Entsetzens. Bismarck handelte. Am 20. Mai wurde
dem Reichstag ein Gesetz gegen die Sozialdemokratie vorgelegt. Aber
das Parlament lehnte die Vorlage mit großer Mehrheit ab. Da erfolgte
am 2. Juli nachmittags 3 Uhr ein zweites Attentat. Nobiling verwunde-
te mit Schrotschüssen den greisen Herrscher am Kopf, an den Armen
und im Rücken.

Bismarck wurde die furchtbare Nachricht bei der Rückkehr von einer
Spazierfahrt in Friedrichsruh mitgeteilt. Er blieb einen Augenblick wie
erstarrt stehen, stieß den Spazierstock in die Erde und bemerkte dann

141

plötzlich: „Jetzt wird der Reichstag aufgelöst werden." Erst dann erkundigte er sich eingehend nach den Einzelheiten des Attentats. Der Staatsmann kombiniert zuerst mit Blitzesschnelle die politischen Folgen des Ereignisses, dann kommt der Mensch zu Wort – und der Soldat und Edelmann in ihm empfindet, daß auf den König mit Schrot wie auf niederes Wild geschossen ist, besonders empörend: „Ich konnte nicht glauben, daß ein Monarch, der mehr als irgendein lebender ... mit Einsetzung seines Lebens, seiner Krone, seiner monarchischen Existenz getan hat, um die Wünsche und Bestrebungen seiner Nation zu verwirklichen, der dies mit einem gewaltigen Erfolge und dabei doch ohne jede Überhebung getan hat, der dabei ein milder, volksfreundlicher Regent geblieben ist, eine populäre Figur, ... wenn der von hinten mit Hasenschrot zusammengeschossen wird, ja meine Herren, an dieses Verbrechen reicht kein anderes heran, da ist man wirklich auf jedes andere auch gefaßt" (Rede vom 9. Oktober 1878). Gleichzeitig weckte diese Untat auch die Treue in Bismarck, der sich von neuem unlöslich an seinen König gefesselt fühlte. Am schönsten kam sie in seiner Rede vom 12. Juni 1882 zum Ausdruck: „Nachdem ich dort meinen Herrn und König nach dem Nobilingschen Attentat in seinem Blute habe liegen sehen, da habe ich den Eindruck gehabt, daß ich dem Herrn, der seinerseits seiner Stellung und Pflicht vor Gott und den Menschen Leib und Leben dargebracht und geopfert hat, gegen seinen Willen nicht aus dem Dienste gehen kann. Das habe ich mir stillschweigend gelobt, und das ist der alleinige Grund, warum Sie mich überhaupt hier noch sehen, das einzige Fleisch und Blut meines alten Herrn, dem ich geschworen habe, dem ich anhänge, und den ich liebe."

Der Mann der Tat aber machte sofort sein Wort wahr. Der Reichstag wurde aufgelöst, eine neue klerikal-konservative Mehrheit zog in das Reichstagsgebäude ein. Der Liberalismus war aus seiner führenden Stellung verdrängt. Die Gesetze, die Verhetzer des Volkes mit schwerer Strafe bedrohten und dem Staat eine furchtbare Waffe gegen die Vereine und die Presse der Sozialdemokratie in die Hand gaben, wurden von dem neuen Reichstag allerdings nur für die Dauer von 2½ Jahren genehmigt. (Das Ausnahmegesetz bestand dann bis zum 30. September 1890.)

Schon 1863 war Bismarck zu Lassalle, dem Anhänger eines sozialen Königtums, in Beziehung getreten, und hatte damals Altersversorgungsanstalten angeregt. Jetzt, da er gegen die revolutionären Führer eine furchtbare Waffe in der Hand hatte, mit der er sie zu zerschmettern hoffen konnte, wollte er auch den Versuch machen, die Arbeitermassen von diesen Demagogen loszulösen. Der Staat sollte ihnen Sicherheit des Lebens und Versorgung in Krankheitsfällen und im Alter gewähren. So hoffte er sie, die durch die wirtschaftliche Entwickelung der letzten Jahrzehnte dem nationalen Staat entfremdet waren, wieder an ihn zu fesseln.

Der Gedanke der Arbeiterfürsorge war an sich nichts Neues, sondern praktisch und theoretisch in mannigfacher Weise vorbereitet. Das Neue daran war, daß jetzt der Staat diese Fürsorge übernehmen und regeln sollte, so daß aus einem Almosen ein Recht wurde, und das war Bismarcks Gedanke: „Der Staat muß die Sache in die Hand nehmen, nicht als Almosen, sondern auf Recht auf Versorgung, wo der gute Wille zur Arbeit nicht mehr kann. Wozu soll nur der, welcher im Kriege erwerbsunfähig geworden ist oder als Beamter durch Alter, Pension haben und nicht auch der Soldat der Arbeit? Die Sache wird sich durchdrücken. Sie hat ihre Zukunft. Es ist möglich, daß unsere Politik einmal zugrunde geht, wenn ich tot bin. Aber der Staatssozialismus paukt sich durch. Jeder, der diesen Gedanken wieder aufnimmt, wird ans Ruder kommen."

Am 17. November 1881 verkündigte eine kaiserliche Botschaft das Prinzip des Staatssozialismus: „Schon im Februar d. J. haben Wir Unsere Überzeugung aussprechen lassen, daß die Heilung der sozialen Schäden nicht ausschließlich im Wege der Repression sozialdemokratischer Ausschreitungen, sondern gleichmäßig auf dem der positiven Förderung des Wohles der Arbeiter zu suchen sein werde. Wir halten es für Unsere Kaiserliche Pflicht, dem Reichstage diese Ausgabe von neuem ans Herz zu legen, und würden Wir mit um so größerer Befriedigung auf alle

Erfolge, mit denen Gott Unsere Regierung sichtlich gesegnet hat, zurückblicken, wenn es uns gelänge, dereinst das Bewußtsein mitzunehmen, dem Vaterlande neue und dauernde Bürgschaften seines inneren Friedens und den Hilfsbedürftigen größere Sicherheit und Ergiebigkeit des Beistandes, auf den sie Anspruch haben, zu hinterlassen."

Seit diesem Tage sind die sozialen Bestrebungen in Deutschland nicht zum Stillstand gekommen. 1883 brachte das Arbeiterkrankengesetz, 1884 folgte das Unfallversicherungsgesetz. Unter Wilhelm II. wurde 1889 eine Invaliditäts- und Altersversicherung geschaffen.

Das sind nur die wichtigsten Etappen auf dem Wege des Staatssozialismus. Es ist eine Bewegung, die keinen unbedingten Stillstand kennt, und alle Kulturstaaten sind der Führung Deutschlands auf diesem Wege des „praktischen Christentums" (Reichstagsrede vom 2. April 1881) gefolgt.

Auch hier stand Bismarck anfangs völlig allein, der König war, wie er bitter sagte, „sein einziger Fraktionsgenosse". Auch der Erfolg war nicht der erhoffte. Die Arbeitermassen lösten sich nicht von ihren Führern, im Gegenteil, in immer stärkerem Maße folgten sie ihren verführerischen Lockrufen. An diesem Punkte versagte Bismarcks Politik ebenso, wie dem Zentrum gegenüber. In neuerer Zeit mehren sich sogar die ängstlichen Stimmen, die uns auf falschem Wege meinen oder doch glauben, daß wir zu weit gegangen wären. Bismarck selbst hat ja das Galopptempo unserer Sozialpolitik nach 1888 einzudämmen versucht, z. T. deshalb mußte er aus seinen Ämtern scheiden.

Wie dem aber auch sei: der Weg ist nicht unrichtig. Er entspricht einem Zeitbedürfnis. Das letzte große Werk des großen Kanzlers war vielleicht sein größtes und zeigt die Größe und Entwickelungsfähigkeit dieses Giganten, der aus dem starren Junker zum Sozialisten werden konnte, ohne doch von den Grundlagen seiner Politik und seines Wesens abzuweichen. Königtum und Christentum waren auch hier seine Leitsterne. „Ich bin nicht der Meinung, daß das *„laisser faire, laisser aller"*, das reine Manchestertum in der Politik,

Jeder sehe, wie er's treibe,
Jeder sehe, wo er bleibe,
Wer da hat, dem wird gegeben;
Wer da nicht hat, dem wird genommen,

daß das im Staat, namentlich in dem monarchischen, landesväterlich regierten Staat Anwendung finden könne. ... Nennen Sie das Sozialismus oder nicht; es ist mir das ziemlich gleichgültig ... Ein Name, den ich bereitwillig annehme, ist der: praktisches Christentum, aber *sans phrase*, wobei wir die Leute nicht mit Reden und Redensarten bezahlen, sondern wo wir ihnen auch wirklich etwas gewähren wollen." (Rede vom 2. April 1881.) *„Quand je serai roi, je serai un vrai roi des gueux"* (Als König werde ich ein wahrer König der Bettler sein. Friedrich der Große).

XV.
Die Märztage des Jahres 1890

Am 9. März 1888, morgens ½9 Uhr, schloß Kaiser Wilhelm I. die Augen zu ewiger Ruhe. Ein Leben reich an Leid und Sorge, an Mühe und Arbeit hatte sich erfüllt, reich aber auch an wunderbaren Erfolgen. Treue hatte er gesät und Treue geerntet, besonders bei dem Mann, mit dem er und durch den er von Erfolg zu Erfolg geschritten war. Kein schöneres Zeugnis konnte dem Ehrwürdigen dargebracht werden, als die schlichten Worte, die ihm sein „treuester, deutscher Diener" am Todestage mit vor Bewegung brechender Stimme im Reichstage nachrief: „Es steht mir nicht zu, meine Herren, von dieser amtlichen Stelle aus den persönlichen Gefühlen Ausdruck zu geben, mit welchen mich das Hinscheiden meines Herrn erfüllt, das Ausscheiden des ersten Deutschen Kaisers aus unserer Mitte. Es ist dafür auch kein Bedürfnis; denn die Gefühle, die mich bewegen, sie leben in dem Herzen eines jeden Deutschen; es hat deshalb keinen Zweck, sie auszusprechen. Aber das eine glaube ich Ihnen doch nicht vorenthalten zu dürfen – nicht von meinen Empfindungen, sondern von meinen Erlebnissen –: daß inmitten der schweren Schickungen, welche der von uns geschiedene Herr in seinem Hause noch erlebt hat, es zwei Tatsachen waren, welche ihn mit Befriedigung und Trost erfüllten. Die eine war die, daß die Leiden seines einzigen Sohnes und Nachfolgers, unseres jetzigen regierenden Herrn, die ganze Welt – nicht nur Deutschland, sondern alle Weltteile, kann man sagen, ich habe noch heute ein Telegramm aus Neuyork – in dieser Beziehung erhalten – mit einer Teilnahme erfüllt haben, die beweist, welches Vertrauen sich die Dynastie des deutschen Kaiserhauses bei allen Nationen erworben hat. Es ist dies ein Erbteil, kann ich wohl sagen, welches des Kaisers lange Regierung dem deutschen Volke hinterläßt. Das Vertrauen, das die Dynastie erworben hat, wird sich auf die Nation übertragen trotz allem, was dagegen versucht wird.

Die zweite Tatsache, in der Se. Majestät einen Trost in manchen schweren Schickungen empfand, war die, daß der Kaiser auf die Entwickelung seiner Hauptlebensaufgabe, der Herstellung und Befestigung der Nationalität des Volkes, dem Er als deutscher Fürst angehört hatte – daß der Kaiser auf die Entwickelung, welche die Lösung dieser Ausgabe inzwischen genommen hatte, mit einer Befriedigung zurückblickte, welche den Abend seines Lebens verschönt und beleuchtet hat. Es trug dazu namentlich in den letzten Wochen die Tatsache bei, daß mit einer seltenen Einstimmigkeit aller Dynastien, aller Verbündeten Regierungen, aller Stämme in Deutschland, aller Abteilungen des Reichstags, dasjenige beschlossen wurde, was für die Sicherstellung der Zukunft des Deutschen Reiches auf jede Gefahr hin, die uns bedrohen könnte, als Bedürfnis von den deutschen Regierungen empfunden wurde. Diese Wahrnehmung hat Se. Majestät mit großem Troste erfüllt, und noch in der letzten Beziehung, die ich zu meinem dahingeschiedenen Herrn gehabt habe – es war gestern – hat er darauf Bezug genommen, wie ihn dieser Beweis der Einheit der gesamten Nation, wie er durch die Volksvertretung hier verkündet worden ist, gestärkt und erfreut hat. Ich glaube, meine Herren, es wird für Sie alle erwünscht sein, dieses Zeugnis, das ich aus eigener Wahrnehmung für die letzten Stimmungen unseres

146

dahingeschiedenen Herrn ablegen kann, mit in Ihre Heimat zu nehmen, weil jeder einzelne von Ihnen einen Anteil an dem Verdienste hat, welches dem zugrunde liegt.

Meine Herren, die heldenmütige Tapferkeit, das nationale hochgespannte Ehrgefühl und vor allen Dingen die treue, arbeitsame Pflichterfüllung im Dienste des Vaterlandes und die Liebe zum Vaterlande, die in unserem dahingeschiedenen Herrn verkörpert waren, mögen sie ein unzerstörbares Erbteil unserer Nation sein, welches der aus unserer Mitte geschiedene Kaiser uns hinterlassen hat! Das hoffe ich zu Gott, daß dieses Erbteil von allen, die wir an den Geschäften unseres Vaterlandes mitzuwirken haben, in Krieg und in Frieden, in Heldenmut, in Hingebung, in Arbeitsamkeit, in Pflichttreue treu bewahrt bleibe."

Der Sieger von Weißenburg und Wörth, unser Fritz, bestieg als Friedrich III. den Thron. Doch der größere Sieger, Se. Majestät der Tod, hatte schon sein furchtbares Siegel auf die Heldenstirn gedrückt. Die Hoffnungen, den kranken Kaiser von dem großen Ratgeber seines Vaters zu trennen und ihn in die Bahnen eines ausschweifenden Liberalismus zu reißen,[34] glückten nicht und konnten nicht glücken. Am 15. Juni 1888 erklangen zum zweiten Male die Totenglocken durch das trauernde Deutschland. Der zweite Deutsche Kaiser war von seinen furchtbaren Leiden erlöst worden.

Mit bangender Hoffnung richteten sich die Blicke der Welt auf den jugendlichen Wilhelm II. Daß es ihm an Energie, geistiger Elastizität, Arbeitsfreudigkeit nicht fehlte, wußte man. Bismarck kannte ihn und setzte große Hoffnungen auf ihn: „Der dann daran käme, ist aber ganz anders, *der will selber regieren*, ist energisch und entschieden, gar nicht für parlamentarische Mitregenten, der reine Gardeoffizier ... Der ist gar nicht erfreut, daß sich sein Vater mit den Professoren einläßt, mit Mommsen, Virchow und Forckenbeck, und *vielleicht entwickelt sich aus dem einmal der rocher de bronze, der uns fehlt.*" In jugendlicher Begeisterung schloß sich Wilhelm II. zunächst an den großen Kanzler an.

---

[34] „Auch ein Programm aus den 99 Tagen." Eine Inhaltsaugabe bietet Paul Liman, „Bismarck-Denkwürdigkeiten" S. 535 u. 536.

Noch als Kronprinz am 73. Geburtstage Bismarcks hatte er den Gefühlen seiner Dankbarkeit und Bewunderung Ausdruck gegeben: „Eure
Durchlaucht! Unter den vierzig Jahren, welche Sie soeben erwähnten,
ist wohl keins so ernst und schwerwiegend gewesen, als das jetzige:
der Kaiser Wilhelm ist heimgegangen, dem Sie 27 Jahre lang treu
gedient! Mit Begeisterung jubelt das Volk unserem jetzigen hohen
Herrn zu, der Mitbegründer der Größe des jetzigen Vaterlandes ist.
Ew. Durchlaucht werden ihm, wie wir alle, mit derselben altdeutschen
Mannestreue dienen, wie dem Dahingeschiedenen. Um mich eines
militärischen Bildes zu bedienen, so sehe ich unsere jetzige Lage an
wie ein Regiment, das zum Sturm schreitet. Der Regimentskomman-
deur ist gefallen, der nächste im Kommando reitet, obwohl schwer
getroffen, noch kühn voran. Da richten sich die Blicke auf die Fahne,
die der Träger hoch emporschwenkt. So halten Ew. Durchlaucht das
Reichspanier empor. Möge es, das ist unser innigster Herzenswunsch,
Ihnen noch lange vergönnt sein, in Gemeinschaft mit unserem geliebten und verehrten Kaiser das Reichsbanner hoch zu halten. Gott segne
und schütze denselben und Ew. Durchlaucht!"

Aber nicht lange sollte sich unser deutsches Volk an dieser einigen-
den Begeisterung erfreuen dürfen. Gerade in solcher Begeisterung liegt
ja nur zu leicht die Gefahr, daß sie zunächst die innerlich trennenden
Gegensätze überspringt, aufmerksam und mißtrauisch gemacht, aber in
ihr Gegenteil umschlägt. Und hier standen zwei Männer nebeneinander,
von denen jeder seine Musik machen wollte. Bedachtsames, wenn auch
geniales Greisenalter, stand neben der stürmisch vorwärts drängenden
Kraft selbstbewußter Jugend, durch das Leben gereister Pessimismus
neben hoffnungsfreudigem Optimismus. Nicht darin liegt die Tragik,
daß diese beiden Männer sich trennten – das war naturgemäß – nur darin, wie sie auseinander gingen.

Es hat an dieser Stelle keinen Zweck, auf die Einzelheiten einzugehen, die den Sturz Bismarcks herbeigeführt haben. Meinungsverschie-
denheiten hat es zwischen dem Kaiser und seinem Kanzler mehrfach
gegeben, aber keine einzelne von ihnen mußte Bismarcks Abgang her-

beiführen. Nicht die Differenzen in der russischen Politik, wo der Kaiser, zunächst stürmisch begeistert, nur zu bald abgekühlt war, nicht die sozialpolitischen Fragen, in denen der Kanzler zwar ein bedächtigeres Tempo wünschte, ohne sich doch im Prinzip von der Anschauung seines Herrn zu entfernen, nicht der Ausfall der Reichstagswahlen, die bei den Absichten der Regierung auf eine starke Heeresvermehrung und auf Aufrechterhaltung der Ausnahmegesetze gegen die Sozialdemokratie allerdings zu einem ernsten Konflikt führen konnten, aber nicht dazu führen mußten, hätten an sich den Bruch bringen müssen, um so weniger, da am 25. Februar der Kaiser sich den Standpunkt des Kanzlers angeeignet hatte, der wenigstens die Heeresvorlage noch durchbringen wollte.

In diesem Moment scheinen unverantwortliche Einflüsse eingegriffen zu haben. Namentlich der Großherzog Friedrich von Baden warnte den Kaiser vor dem drohenden Konflikt: *„Dann wirst du wie dein Großvater der Kartätschenprinz heißen; du wirst im Blut deiner Untertanen waten müssen bis an die Knöchel."* So wurde an den schönen Ehrgeiz Wilhelms II. appelliert, ein Volksfürst und ein Friedensfürst zu sein. Aber auch sein Machtbewußtsein wurde aufgerufen. „Der treue deutsche Diener" seines Herrn sollte den Konflikt mit dem Reichstage herbeiführen wollen, um seine Macht zu verewigen, es sollte sich um die Frage handeln, ob *die Dynastie Bismarck oder die Dynastie Hohenzollern regieren solle.* Aus dieser Stimmung heraus sprach dann am 5. März der Kaiser das drohende Wort: „Ich gedenke nach Kräften mit meinem Pfunde zu wirtschaften; wer mir dabei helfen will, ist mir von Herzen willkommen; wer sich mir aber bei dieser Arbeit entgegenstellt, den zerschmettere ich!"

Nun entwickelten sich die Dinge mit rasender Schnelligkeit. Den letzten Vorwand zum Bruch bot die Kabinettsordre vom Jahre 1852. Sie bestimmte, daß die Minister nur im Einverständnis mit dem Ministerpräsidenten Vortrag beim König halten dürften. Diese Bestimmung ist zur Aufrechterhaltung einer einheitlichen Politik absolut notwendig. Der Kaiser aber handelte dagegen und verlangte am 15. März, daß Bismarck sie aufgebe. Am 17. erschien General von Hahnke bei Bismarck mit der Forderung, sofort eine Ordre zu entwerfen, die jene von 1852 aufhebe, oder seinen Abschied einzureichen. Nun richtet sich der Löwe empor, der Unterlegene wird als Besiegter zum Sieger. Der Kaiser könne ihn entlassen, erwiderte er dem General; seines Gesuches bedürfe es dazu nicht. Unter den obwaltenden politischen Verhältnissen könne er seine Entlassung nicht beantragen. Ein Ministerrat stellte sich auf Bismarcks Seite. Aber noch am gleichen Tage erschien der Kabinettsrat Lucanus mit der Mitteilung, der Kaiser erwarte sofort das Abschiedsgesuch des Kanzlers. Am 18. und in der Nacht zum 19. März schrieb dann Bismarck jenes Abschiedsgesuch, das 20 Schriftseiten füllt und das in der Geschlossenheit seiner Gedankenführung, in der echt bismarckschen Färbung seines Stils und in dem Stolze, der es durchweht, das letzte große Zeugnis für den genialen Geist unseres Bismarck ist. In Abend des 19. März war das Gesuch in den Händen des Kaisers, wenige Stunden nachher erhielt der Kanzler die Genehmigung seines Gesuches. Gleichzeitig wurde Bismarck zum Herzog von Lauenburg und zum Generalobersten der Kavallerie ernannt.[35]

Am 29. März verließ der geniale Staatsmann Berlin, um den Rest seines Lebens in den stillen Wäldern von Friedrichsruh zu verbringen.

XVI.
Ausklang

Man muß jene Tage schwüler Spannung und schmerzlicher Gewißheit miterlebt haben, um zu wissen, was sie dem deutsch Empfindenden bedeuteten. Sie schienen einen Zwiespalt schaffen zu sollen zwischen dem Volke und seinem Kaiser. Wenn man auch die psychologische Notwendigkeit des Bruches empfand, die Art, wie er herbeigeführt worden war, begriff man um so weniger, da manche Tatsachen gar nicht

---

[35] Die Darstellung beruht in der Hauptsache auf Egelhaas, „Bismarck", der mir die besonnenste und getreueste Schilderung der Vorgänge zu bieten scheint.

oder entstellt in die Öffentlichkeit drangen. Ist doch selbst heute noch nicht jede Einzelheit sicher geklärt.

Und es schien, als ob dieser Zwiespalt verewigt werden sollte. Bismarck wollte, konnte und *durfte* nicht schweigend zuschauen, wenn ungeschickte Hände sein Lebenswerk zu schädigen drohten. So erklang seine warnende und mahnende Stimme aus dem Schatten seiner Eichen heraus. Nur zu geschäftig benutzten aber seine Verleumder solche Gelegenheiten, um ihn als ehrgeizigen Nörgler, ja als Vaterlandsverräter hinzustellen. Es waren Zeiten voll trauriger Verirrungen.

Da zerriß der Edelmut des Kaisers die Wolken, die das deutsche Volksleben verdüsterten. Im August 1893 erkrankte Fürst Bismarck schwer. Als der Kaiser im September hiervon erfuhr, depeschierte er sofort an den Fürsten, sprach ihm sein Bedauern aus und bot ihm eins seiner Schlösser an, um volle Genesung zu erlangen. Am 22. Januar 1894 sandte dann der Kaiser feinen Flügeladjutanten Kuno von Moltke nach Friedrichsruh, der den Fürsten zum Geburtstag des Kaisers nach Berlin einlud. Mit unbeschreiblichem Jubel ward der Fürst in Berlin empfangen. „Der Monarch und der Patriarch unseres Volkes waren wieder ausgesöhnt." Und nun begannen die Huldigungsfahrten, die dem Fürsten die Liebe und Verehrung des deutschen Volkes, „soweit die deutsche Zunge klingt", in überwältigender Weise zum Ausdruck bringen sollten. Der Alte im Sachsenwalde, einst der bestgehaßte Mann in Deutschland, dem die Macht aus den Händen gerissen war, er, ganz auf sich gestellt, war eine Großmacht im deutschen Volksleben geworden, ein Symbol deutscher Einheit, deutscher Größe, deutscher Treue und deutscher Liebe.

Noch bevor aber der stolze Jubeltag des 1. April 1895 anbrach, sollte den greisen Helden der schwerste Schmerz seines Lebens treffen. Seit 1893 war die Gesundheit der Fürstin, die immer nur zart gewesen war, erschüttert. Alle ärztliche Fürsorge, alle liebende Pflege konnten den Heimgang nicht verhindern. Am 27. November 1894 ereilte sie früh fünf Uhr der Tod. Er trat so schnell ein, daß der greise Fürst, der eilig geweckt war, der Gattin kein letztes Lebewohl mehr zurufen konnte. „Es

Das Bismarcksmausoleum in Friedrichsruh

muß ein tief ergreifender Anblick gewesen sein, als der Fürst nach der Beisetzung seiner Frau an den großen Haufen der Kränze herantrat und mit seiner feinen, wundervollen Hand, eine weiße Rose herausbrach, sie nahm und still in sein Zimmer ging."

Von nun an lag eine erhabene Stille über Bismarcks Wesen. Das Beste, was das Leben ihm geschenkt, die Frau, die selbstlos in ihm aufgegangen war, die ihm Trost und Stütze in dunklen Stunden gewesen, die dem Problematiker die Sicherheit gegeben hatte durch die Geradlinigkeit des eigenen Wesens, sie war dahingegangen in des Todes dunkles Reich. Der Greis brach über dem Verlust nicht zusammen, ihm war sie nur vorausgegangen, und er wußte, bald würde er ihr folgen dürfen. Auch jetzt fehlte ihm nicht die Kraft lebendigen Mitfühlens des Lebens, aber zugleich auch verließ ihn der Gedanke des Todes nicht mehr.

Und nun kamen die Jubeltage! Wochenlang zogen aus allen Gauen Deutschlands Tausende und Abertausende nach Friedrichsruh, um dem Baumeister des Deutschen Reiches in das blaue, leuchtende Auge zu schauen, um die Stimme zu hören, die auch jetzt nicht aufhörte, zur Einheit zu mahnen. Auch der Kaiser eilte zum Sachsenwalde, mit ihm der Kronprinz, der Vertreter der Zukunft, um dem Patriarchen des deutschen Volkes mit militärischem Gepränge seine Huldigung darzubringen. Und die Bundesfürsten folgten, und die deutsche Jugend, die deutsche Hoffnung, blieb nicht zurück. In aller Herzen aber klang der Dank und die Liebe wieder, die Deutschland seinem Heros schuldete, und unvergeßlich blieben jedem die mahnenden Worte des greisen Helden: „Das Leben ist Kampf in der ganzen Schöpfung, und ohne innere Kämpfe kommen wir zuletzt beim Chinesentum an und versteinern. Ohne Kampf kein Leben. Nur muß man in allen Kämpfen, sobald die nationale Frage auftaucht, doch immer einen Sammelpunkt haben, und das ist für uns das Reich, nicht wie es vielleicht gewünscht werden könnte, sondern wie es besteht, das Reich und sein Kaiser, der der Vertreter dafür ist, und deshalb bitte ich Sie, mit mir einzustimmen auf das Wohl von Kaiser und Reich; und mögen Sie anno 1950, soviel von Ihnen noch leben, mit voller Zufriedenheit das Hoch mit ausbringen: Kaiser und Reich, sie leben hoch!" (Rede vom 1. April 1895.)

Leider fehlte diesen Tagen des Jubels auch nicht das Beschämende. Der Reichstag, der Bismarck seine Existenz verdankt, versagte in seiner Mehrheit dem Heros den Ehrengruß. Das war der gleiche Reichstag, der am 15. Dezember 1884 dem überbürdeten Reichskanzler den erbetenen Hilfsarbeiter für das Auswärtige Amt versagt hatte, derselbige Reichstag, der am 1. April 1885 dem 70-jährigen den Glückwunsch verweigert hatte. So handelten die Vertreter des deutschen Volkes gegen den Nationalhelden. 1895 fand Wilhelm II. sofort das richtige Wort für dieses empörende Verhalten. Er depeschierte an den Altreichskanzler: „Euer Durchlaucht spreche ich den Ausdruck tiefster Entrüstung über den eben gefaßten Beschluß des Reichstages aus. Derselbe steht im vollsten Gegensatz zu den Gefühlen aller deutschen Fürsten und ihrer Völker." Gott sei Dank! Die Schmach dieser Lächerlichkeit trifft nicht die deutschen Fürsten, nicht das deutsche Volk, nicht den Reichstag in seiner Gesamtheit, sondern nur die, so sich zu Genossen der vaterlandslosen Gesellen machten, die unter Führung von Lieber, Richter und Bebel jenen unglaublichen Beschluß erzwungen. *Difficile et satiram non scribere.*

Noch drei Jahre durfte Bismarck unter uns weilen, und sein Leben galt uns als eine Gewähr, als eine Sicherheit. Dann kam das Trauerjahr 1898. Wohl hatten Nachrichten von einer schwereren Erkrankung unseres getreuen Ekkehart die Welt durchschwirrt, niemand aber wollte daran glauben. Da brachte der 30. Juli das Ende. Der Schöpfer des Deutschen Reiches war nicht mehr.

Ungeheuer war der Schmerz, der um ihn durch unser Volk zuckte. Worte reichen nicht aus, um die Trauer zu schildern. Nun ruht er in seinem Mausoleum im Sachsenwalde von des Lebens Mühe und Sorge. Aber seine Gruft ist noch heute ein Wallfahrtsort für alle deutschfühlenden Männer und wird es, so Gott will, bleiben. Denn darin liegt die Gewähr, daß sein Werk lebendig fortlebt in uns Deutschen, daß es immer wieder siegen wird über Parteihader und inneren Zwist.

154

„Es ist das Wesen des historischen Genies, national zu sein." – Wenn auf einen Mann dieses Wort Treitschkes zutrifft, so ist es Bismarck. Daß Bismarck national war, ist jedem klar. Allerdings besaß sein Nationalismus seine besondere Färbung. Zeit, Familienleben engten ihn zunächst auf ein begeistertes Preußentum ein, in dem das Bewußtsein des Deutschtums nicht fehlte, aber gewissermaßen latent blieb. Auch die Färbung seines Naturgefühls war deshalb immer, man möchte sagen, „pommersch".

Immer wieder aber klingen deutsche Töne an, bei dem Schüler, dem Studenten, dem Abgeordneten, dem Minister, doch sie bleiben dem Preußentum untergeordnet. Aus dem heimatlichen Boden schöpft der Antäus seine Kraft, und ihm gibt er sie dankbar wieder. Er ist der Heimatkünstler im Staatsleben. Erst als die Macht der Heimat gesichert war, auch im weiteren Vaterlande, öffnet er sich diesem. Da wird er der Begründer seiner Größe, der Baumeister seiner Einheit, der nationale Held.

Daß er aber dazu fähig war, lag in seinem Genie, dessen letzte Tiefen freilich dem forschenden Auge verborgen bleiben, dessen wichtigste Richtlinien aber gerade bei Bismarck besonders klar hervortreten, weil er selbst immer mit forschendem Auge in die Tiefen seiner Seele blickte und sich und anderen mündlich und schriftlich Rechenschaft über die Grunde seines Handelns ablegte.

Bismarck ist Realist, deshalb mußte er von dem ausgehen, was sich seiner Erkenntnis gewissermaßen handgreiflich darbot, deshalb war für ihn die unmittelbare Kenntnis der Faktoren, mit denen er rechnen sollte und mußte, eine Notwendigkeit. Seine Reisen, seine Tätigkeit als Gesandter waren Vorbedingungen für seine Entwickelung. Deshalb spielen aber auch die Mächte, die außerhalb seiner Kenntnisse liegen, eine verhältnismäßig so geringe Rolle in seiner Politik.

Auf diesem Realismus beruht auch seine Menschenkenntnis. Er beobachtet jeden Menschen mit dem Auge des Naturforschers. Ganz kühl erfaßt er ihre Schwächen. Autoritätsglauben kennt er nicht, weil er nur das glaubt, was er sieht. Im persönlichen Verkehr rechnet er durchaus mit solchen Schwächen und Eigenheiten, das macht ihn zu dem gefährlichen Diplomaten, das gibt ihm die Ruhe der Überlegenheit auch in den schwie-

rigsten Lagen. In seinen allgemeinen Berechnungen spielt aber diese Erkenntnis der persönlichen Schwächen keine Rolle. Hier rechnet er nicht
mit den Fehlern des Gegners – wie das Napoleon mehrfach getan – er
benutzt sie nur mit Blitzesschnelle, wenn sie gemacht sind.

Aber Bismarck ist nicht nur Realist. Man tut ihm Unrecht, wenn man
ihn schlechthin als solchen bezeichnet. Seine Entschlüsse liegen nicht nur
über der Schwelle des Bewußtseins. Dort würden sie so viel Hemmungen
erfahren, daß oft genug die Ausführung verschoben oder verhindert wäre.
Sie liegen im letzten Grunde im Unterbewußtsein. Er muß denken, und er
muß handeln. Hier liegt auch die Dämonie seines Wesens, die nur Hindernisse aus sich selbst schöpft, sonst aber dem Gegner das dämonische
„Flectere si nequeo superos, Acheronta movebo!" zuruft. (Beugen nicht
die Götter des Lichts, will ich die Unterwelt in Bewegung setzen.) Indem
er sie dann aber in das Licht seines Bewußtseins hineinstellt, findet er die
Gründe, findet er aber auch die Hemmungen, die ihn von Unbesonnenhei-
ten zurückhalten, und die Möglichkeiten, die ihm erlauben, wo nötig, den
Weg rückwärts zu gehen. Auf jener Romantik seines Wesens beruht aber
auch seine Religion, die ihm die Sicherheit verleiht, vorwärts zu schreiten,
wo eine Welt gegen ihn steht. Darauf beruht auch sein tiefes Gefühl; denn
hart konnte und mußte dieser Mann sein, aber gefühllos war er nicht.

So ruht hier seine Kraft und sein Machtbewußtsein, das ihn zum Skla-
ven seines Werkes machte, während der Aristokrat, der Offizier, der
Preuße in ihm es unmöglich machte, daß diese Kraft ihn zu persönlichem
Ehrgeiz verleitet. „Die Sache will's!" In ihr geht er auf. Amt, Ehrungen,
persönliches Emporkommen bedeuten ihm nichts. In diesem Ausgehen
des Persönlichen in der Sache liegt seine heroische Größe, liegt das Einzigartige dieses Helden, liegt die Gewähr seines Ewigkeitswertes, selbst
wenn sein Werk erschüttert werden sollte.

Schlußbemerkung

Für die vorliegende Arbeit sind selbstverständlich die bekannten Sammlungen von Briefen und Reden Bismarcks herangezogen worden, neben seinen *„Gedanken und Erinnerungen"*. Da es vor allen Dingen galt, den großen Menschen zu Wort kommen zu lassen, so sind diese Werke hauptsächlich benutzt worden. Auch die Arbeiten von *Busch, Bucher, Tiedemann* usw. sind verwertet. Von zusammenfassenden Werken sind besonders folgende grundlegende Arbeiten berücksichtigt:

Erich Marcks, Bismarck. 1. Bd. Cotta 1909.
Max Lenz, Geschichte Bismarcks. Duncker & Humblot 1911.
G. Egelhaaf, Bismarck. E. Krabbe-Verlag 1911.
E. Ludwig, Bismarck. S. Fischer 1912.
P. Liman, Bismarck-Denkwürdigkeiten. Berlin 1899.

In dieser Zusammenstellung ist keine Vollständigkeit erstrebt. Nur für die im Text kenntlich gemachten wörtlichen Zitate sollten damit die Quellen angegeben werden.

Der Verfasser.

Regierungsführung Deutsches Reich

Deutsches Kaiserreich

Name	Amt	Amtszeit
Fürst Otto von Bismarck (1815–1898)	Reichskanzler	16.04.1871–20.03.1890
Graf Leo von Caprivi (1831–1899)	Reichskanzler	20.03.1890–26.10.1894
Fürst Chlodwig zu Hohenlohe-Schillingsfürst (1819–1901)	Reichskanzler	29.10.1894–17.10.1900
Fürst Bernhard von Bülow (1849–1929)	Reichskanzler	17.10.1900–14.07.1909
Theobald von Bethmann-Hollweg (1865–1921)	Reichskanzler	14.07.1909–13.07.1917
Georg Michaelis (1857–1936)	Reichskanzler	14.07.1917–01.11.1917
Graf Georg von Hertling (1843–1919)	Reichskanzler	01.11.1917–30.09.1918
Prinz Max von Baden (1867–1929)	Reichskanzler	03.10.1918–09.11.1918

Weimarer Republik

Name	Amt	Partei	Amtszeit
Friedrich Ebert (1871–1925)	Reichskanzler	SPD	09.11.1918–10.11.1918
	Vorsitzender des Rates der Volksbeauftragten		10.11.1918–11.02.1919
Hugo Haase (1863–1919)	Vorsitzender des Rates der Volksbeauftragten	USPD	10.11.1918–29.12.1918
Philipp Scheidemann (1865–1939)	Vorsitzender des Rates der Volksbeauftragten	SPD	29.12.1918–07.02.1919
	Reichsministerpräsident		13.02.1919–20.06.1919
Gustav Bauer (1870–1944)	Reichsministerpräsident	SPD	21.06.1919–14.08.1919

Name	Amt	Partei	Amtszeit
Konstantin Fehrenbach (1852–1926)	Reichskanzler	Zentrum	25.06.1920–04.05.1921
Joseph Wirth (1879–1956)	Reichskanzler	Zentrum	10.05.1921–22.10.1921 und 26.10.1921–14.11.1922
Wilhelm Cuno (1876–1933)	Reichskanzler	parteilos	22.11.1922–12.08.1923
Gustav Stresemann (1878–1929)	Reichskanzler	DVP	13.08.1923–03.10.1923
Wilhelm Marx (1963–1946)	Reichskanzler	Zentrum	06.10.1923–30.11.1923
Hans Luther (1879–1962)	Reichskanzler	parteilos	15.01.1925–5.12.1925 und 20.01.1926–12.05.1926
Otto Geßler (1875–1955)	Reichskanzler	DDP	12.05.1926–17.05.1926
Wilhelm Marx (1863–1946)	Reichskanzler	Zentrum	17.05.1926–17.12.1926 und 19.01.1927–12.06.1928
Hermann Müller (1876–1931)	Reichskanzler	SPD	28.06.1928–27.03.1930
Heinrich Brüning (1885–1970)	Reichskanzler	Zentrum	30.03.1930–07.10.1931
Franz von Papen (1879–1969)	Reichskanzler	Zentrum	01.06.1932–17.11.1932
Kurt von Schleicher (1882–1934)	Reichskanzler	parteilos	04.12.1932–28.01.1933

Nationalsozialismus

Name	Amt	Partei	Amtszeit
Adolf Hitler (1889–1945)	Reichskanzler	NSDAP	30.01.1933–31.07.1934
	Führer und Reichskanzler		01.08.1934–30.04.1945
Joseph Goebbels (1897–1945)	Reichskanzler	NSDAP	30.04.1945–01.05.1945
Johann Ludwig Graf Schwerin von Krosigk (1887–1977)	Leiter der Geschäftsführenden Reichsregierung	parteilos	02.05.1945–05.06.1945

SEVERUS

Von der Reihe *Deutsches Reich – Schriften und Diskurse* bisher im SEVERUS Verlag erschienen:

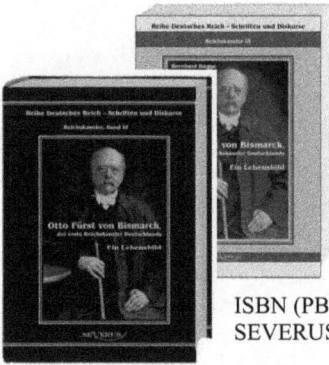

Bernhard Rogge
Otto Fürst von Bismarck
Herausgegeben und mit einem Vorwort versehen von Björn Bedey

Reihe *Deutsches Reich – Schriften und Diskurse*
Reichskanzler, Bd. I/I

ISBN (PB): 978-3-86347-035-7
SEVERUS 2011/173 S./€ 39,50

ISBN (HC): 978-3-86347-036-4
SEVERUS 2011/173 S./€ 49,50

Zum Band

Otto von Bismarck war von 1871 bis 1890 der erste Reichskanzler des Deutschen Reiches und an dessen Gründung maßgeblich beteiligt.

Vorliegende Biographie bietet Einblick in eine zeitgenössische Haltung zu dem Mann, der vom Volk aufgrund seiner starken Persönlichkeit zur Vaterfigur hochstilisiert, von Intellektuellen dagegen für sein „vollendete[s] Schlaubergertum" kritisiert wurde. Dennoch musste es selbst Theodor Fontane zugeben: „Er ist die denkbar interessanteste Figur, ich kenne keine interessantere".

Zur Reihe *Deutsches Reich – Schriften und Diskurse*

Die Reihe *Deutsches Reich – Schriften und Diskurse* bietet eine Zusammenstellung von Abhandlungen und Vorträgen der deutschen Reichskanzler und anderen authentischen Zeitzeugnissen der politisch und gesellschaftlich stark prägenden Jahre von 1871 bis 1945. Jeder Band ist sowohl kartoniert als auch gebunden erhältlich, er enthält ein Vorwort sowie eine chronologische Auflistung der Reichskanzler, ihrer Lebens- und Amtszeit und ggf. ihrer Parteizugehörigkeit.

„Die politischen sowie persönlichen Erfahrungen und Handlungen der Deutschen in der Zeit des Deutschen Reiches waren und sind die historische Bürde, aber auch das historische Fundament der von den Siegermächten des Zweiten Weltkriegs 1949 gegründeten Bundesrepublik Deutschland. […] Für das Verständnis unserer politischen Gegenwart und die Abwägung der Handlungsoptionen für die Zukunft ist die Kenntnis dieser Grundlagen unerlässlich." Björn Bedey (Hg.)

SEVERUS

In der Reihe *Deutsches Reich – Schriften und Diskurse: Reichskanzler*
ist bereits erschienen:

Bd. I/I
Otto Fürst von Bismarck, der erste Reichskanzler Deutschlands. Ein Lebensbild
Autor: Bernhard Rogge
ISBN (HC):   978-3-86347-036-4
    (PB):   978-3-86347-035-7

Bd. VII/I
Georg von Hertling - Recht, Staat und Gesellschaft
Autor: Georg von Hertling
ISBN (HC):   978-3-86347-094-4
    (PB):   978-3-86347-093-7

Bd. II/I
Leo Graf von Caprivi. Die Reden des Grafen von Caprivi
Autor: Leo Graf von Caprivi (Hrsg. Rudolf Arndt)
ISBN (HC):   978-3-86347-146-0
    (PB):   978-3-86347-147-7

Bd. II/II
Leo Graf von Caprivi. Bismarcks Kampf gegen Caprivi
Autor: Julius von Eckardt
ISBN (HC):   978-3-86347-153-8
    (PB):   978-3-86347-154-5

Bd. III/I
Chlodwig Fürst zu Hohenlohe-Schillingsfürst. Zu seinem hundertsten Geburtstag
Autor: Friedrich Curtius
ISBN (HC):   978-3-86347-090-6
    (PB):   978-3-86347-089-0

Bd. VI/I
Georg Michaelis - Für Staat und Volk. Eine Lebensgeschichte
Autor: Georg Michaelis
ISBN (HC):   978-3-86347-092-2
    (PB):   978-3-86347-091-3

Bd. VIII/I
Prinz Max von Baden - Erinnerungen und Dokumente
Autor: Prinz Max von Baden
ISBN (HC):   978-3-86347-086-9
    (PB):   978-3-86347-085-2

Bd. I/IV
Otto Fürst von Bismarck. Bismarcks Briefwechsel mit dem Minister Freiherrn von Schleinitz 1858-1861
Autor: Otto von Bismarck
ISBN (HC):   978-3-86347-188-0
        (PB):   978-3-86347-189-7

Bd. IV/I
Bernhard von Bülow - Deutsche Politik
Autor: Bernhard von Bülow
ISBN (HC):   978-3-86347-096-8
        (PB):   978-3-86347-095-1

Bd. VII/I
Georg von Hertling - Recht, Staat und Gesellschaft
Autor: Georg von Hertling
ISBN (HC):   978-3-86347-094-4
        (PB):   978-3-86347-093-7

Bd. VIII/II
Prinz Max von Baden - Die moralische Offensive. Deutschlands Kampf um sein Recht
Autor: Prinz Max von Baden
ISBN (HC):   978-3-86347-084-5
        (PB):   978-3-86347-083-8

Bd. I/V
Otto Fürst von Bismarck – Sein Leben und Werk
Autor: Adolf Matthias
ISBN (HC):   978-3-86347-204-7
        (PB):   978-3-86347-205-4

Bd. VI/II
Georg Michaelis – Weltreisegedanken
Autor: Georg Michaelis
ISBN (HC):   978-3-86347-207-8
        (PB):   978-3-86347-208-5

SEVERUS

**In der Reihe *Deutsches Reich – Schriften und Diskurse: Reichskanzler*
erscheint demnächst:**

Bd. IX/II
Philipp Scheidemann – Der Zusammenbruch
Autor: Philipp Scheidemann
ISBN (HC):   978-3-86347-219-1
    (PB):   978-3-86347-220-7

Bd. I/VI
Otto Fürst von Bismarck – Bismarck und Österreich
Autor: Franz Zweybrück
ISBN (HC):   978-3-86347-216-0
    (PB):   978-3-86347-217-7

Bd. I/VIII
**Otto Fürst von Bismarck – Hedwig von Bismarck, die Cousine von Otto von
Bismarck. Eine Autobiographie**
Autorin: Hedwig von Bismarck
ISBN (HC):   978-3-86347-227-6
    (PB):   978-3-86347-228-3

Bd. I/IX
**Otto Fürst von Bismarck – Johanna von Bismarck, die Frau Otto von
Bismarcks**
Autor: Eduard Heyck
ISBN (HC):   978-3-86347-230-6
    (PB):   978-3-86347-231-3

Bd. I/X
Otto Fürst von Bismarck
Autor: Eduard Heyck
ISBN (HC):   978-3-86347-233-7
    (PB):   978-3-86347-234-4

Bd. I/XI
Otto Fürst von Bismarck – Zwölf Bismarcks
Autor: Walter Flex
ISBN (HC):   978-3-86347-236-8
    (PB):   978-3-86347-237-5

SEVERUS

Jeder Titel der Reihe erscheint im SEVERUS Verlag in zwei Ausgaben:

Hardcover (HC)   Paperback (PB)

   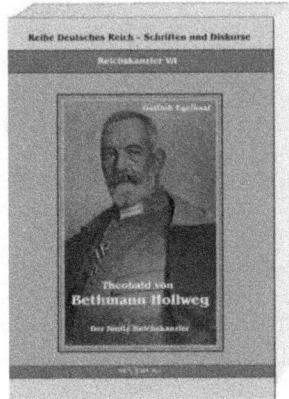